山东省人大常委会烟台大学地方立法研究服务基地资助

设区的市防控和治理违法建筑研究

◎王玉全 著

湘潭大学出版社
XIANGTAN UNIVERSITY PRESS

图书在版编目（CIP）数据

设区的市防控和治理违法建筑立法研究 / 王玉全著
. -- 湘潭 ： 湘潭大学出版社， 2023.9
ISBN 978-7-5687-1085-5

Ⅰ. ①设… Ⅱ. ①王… Ⅲ. ①违法－建筑－法律－立法－研究－中国 Ⅳ. ①D922.297.4

中国国家版本馆 CIP 数据核字（2023）第 180788 号

设区的市防控和治理违法建筑立法研究

SHEQU DE SHI FANGKONG HE ZHILI WEIFA JIANZHU LIFA YANJIU

王玉全 著

责任编辑： 刘文情
封面设计： 张 波
出版发行： 湘潭大学出版社
社　　址： 湖南省湘潭大学工程训练大楼
电　　话： 0731-58298960 0731-58298966（传真）
邮　　编： 411105
网　　址： http://press.xtu.edu.cn/
印　　刷： 长沙创峰印务有限公司
经　　销： 湖南省新华书店
开　　本： 710 mm×1000 mm 1/16
印　　张： 10.5
字　　数： 206 千字
版　　次： 2023 年 9 月第 1 版
印　　次： 2023 年 9 月第 1 次印刷
书　　号： ISBN 978-7-5687-1085-5
定　　价： 50.00 元

前言

近年来，随着城乡建设步伐不断加快，屡禁不止的违法建筑犹如疯狂生长的毒瘤，严重破坏了城乡规划及城市形象，同时也影响了城乡发展和社会稳定。违建行为、私搭乱建、自建房等现象屡禁不止，既存在安全隐患、影响人民群众财产生命安全，又侵蚀社会公共资源、阻碍城市健康发展。例如2020年福建泉州"欣佳酒店坍塌事故"、2020年山西临汾"8·29饭店坍塌事故"、2021江苏苏州"7·12酒店坍塌事故"、2022湖南长沙"自建房倒塌事故"等。种种违法建筑坍塌事故，造成了重大的人员和财产损失，令人痛心疾首。2015年《立法法》修改，赋予了设区的市在城乡建设与管理、生态环境保护、历史文化保护等方面的地方立法权。此后设区的市为解决违法建筑拆除难、监管难、阻力大等问题，纷纷出台了查处和治理违法建筑的地方专项立法。

通过在北大法宝中以"违法建筑"为全文检索，发现我国现阶段防控和治理违法建筑的立法，是由众多部门法(约25部)，加上各类行政法规(约16部)、部门规章(约9部)以及地方性法规(约26部)和地方政府规章(约23部)共同组成(约99部)，大多散见于土地管理、城乡规划、建筑、环境保护、基础设施建设、市容绿化、消防安全、防水防洪、商品房租赁、城乡规划违纪违法等城市管理领域。就城乡规划立法而言，山东省外的65个设区的市制定了地方性法规，规定和细化了城乡规划的诸多内容。9个设区的市制定了地方政府规章。山东省16个地级市中只有菏泽市、东营市、青岛市、滨州市、济南市、临沂市制定了城乡规划的地方性法规。就违法建筑专门立规而言，山东省外设区的市共制定20部地方性法规，21部地方政府规章。山东省只有青岛市出台了地方性法规。由于没有形成系统完善的法律法规体系，各地立法内容不一、形式多样。

设区的市防控和治理违法建筑立法，大多与本区城内违法建筑的实际治理情况相结合，突出违法建筑的实践特点，所以各地关于违法建筑制定主体、制定时间、法规性质、适用范围、执法主体、立法原则、程序机制、认定标准、表现类型、责任认定、处置措施等的规定有所不同。从制定主体的数量来看，设区的市地方性法规20部，设区的市地方政府规章21部，两者数量相差不大。从制定时间来看，特别是2020年至今，设区的市纷纷出台违法建筑的相关立法。从立法性质来看，设区的市关于防控和治理违法建设的立规较多，关于防控和治理违法建筑的立规较少，但立法大多将违法建筑与违法建设等同对待。从适用范围来看，采取“本市行政区域内”立法体例的最多。从执法主体来看，设区的市城乡规划行政主管部门、城市管理综合执法机关、乡镇人民政府为执法主体的较多，不与上位法相抵触，符合法律法规的相关规定。从立法原则来看，设区的市立法都强调违法建筑的防控和治理，突出属地管理、控制源头、快速处置、协作配合、依法追责及违法建筑不受法律保护原则。从程序机制来看，设区的市立法都建立了催告、听取陈述和申辩、作出强制执行决定、送达、部门协同、投诉举报、公示、监管等制度。从认定标准来看，设区的市立法都强调违法建筑是指违反城乡规划管理法律、法规的建筑物、构筑物，包括城镇违法建筑和乡村违法建筑，违法建筑是违法建设行为的事实后果。从责任认定、处置措施来看，设区的市立法都规定了责令改正、通报批评、行政处分、刑事责任、监察机关问责等内容。

当前，违法建筑防控和治理与设区的市立法不完善的矛盾逐渐凸显。《行政强制法》第44条针对强制拆除违法建筑程序专门作出特别规定，《城乡规划法》第66条、第68条赋予了市、县人民政府责成有关部门强制拆除违法建筑的职权，《行政处罚法》规定了相对集中行使行政处罚权、行政处罚权下放等制度。上位法构建了违法建筑处理的基本制度框架，但实践中仍存在认定标准不清晰、执法主体不一、执法程序不规范、立法空间不明确等问题。根据《立法法》相关规定，设区的市人大及其常委会、地方人民人民政府在行使地方立法权时，对上位法内容拥有一定的规定权和设定权。设区的市地方人大及其常委会可以设定除限制人身自由、吊销营业执照之外的违法建筑拆除处罚。设区的市人民政府的政府规章只能设定警告、通报批评、罚款三种行政处罚。设区的市地方立法没有设定行政强制措施与行政强制执行的空间。2023年新修改的《立法法》完善了设区的市立法权限规定：将“环境保护”修改为“生态文明建设”、增加了“基层治理”。设区的市可以制定关于防控和治理违法建筑的地方性法规或者地方政府规章。就设区的市防控和治理违法建筑立法而言，17个设区的市采取了章节的立法体例结构，24个设区的市采取了条文的方式进行立法。其中最为核心的是总则、防控、查处、法律责任、附则等内容。

设区的市防控和治理违法建筑立法过程中，要注重公私法协力并存，公法管制起主导作用，私法起配合作用。违法建筑责任应当区分自然人违建、私法人违建和公法人违建。违法建筑执法不能只对自然人违法建筑严肃处理，而对私法人违建和公法人违建漠视不见，甚至允许先开工后补手续使之成为合法建筑。在防控和治理违法建筑中，要将公共利益与私人利益相平衡，将私益置于与公益相平等的地位；既能实现程序公正，又能提高行政机关执法效率，从而保护行政相对人的合法权益。由于没有防控和治理违法建筑的统一专门立法，设区的市防控和治理违法建筑立法较为突出的问题是：违反上位法的规定、与上位法相冲突、立法规范不明确。

设区的市防控和治理违法建筑立法，要符合比例原则，对待违法建筑要按照不同类型采取不同模式，不能一味的采取强制拆除的措施，要采取合理手段将当事人的损失降到最低；要保障公众知情权、听证权、监督权，自由表达自身意见，做到信息公开透明；要坚持在法制框架内严格依法行政，做到不偏不私、不谋取私利；要采取自拆与强拆相结合的方式。查处违法建筑的主要原则包括统一领导、属地管理、分级负责、防控为主、依法处置、综合治理等。就“违法建筑”与“违章建筑”、“违法建设”用语而言，应统一采用“违法建筑”用语。结合实践立法规定，违法建筑是指违反法律、法规在城乡规划区内，没有取得建设工程规划许可证或者违反工程规划许可证的规定建设的建筑，或者是采取欺骗手段骗取批准而新建、扩建或改建的建筑。违法建筑一般包括以下几种情形:没有申请或者申请未获得批准,没有取得建设用地规划许可证和建设工程规划许可证而建成的建筑;虽然取得建设工程规划许可证,但未按照批准的范围、使用性质建成的建筑;擅自将临时建筑建设为永久性的建筑。城市综合行政执法部门、乡(镇)人民政府、街道办事处是违法建筑的主要执法主体。不涉及认定标准中的"一书三证"、涉及到其他法律法规的违法建筑,应当由其他行政机关进行执法。行政执法遵守法定程序贯穿于防控和治理违法建筑的全过程,需要规范查处程序、督促程序、财产处置程序等,明确无法确定当事人的强制拆除适用。同时,通过引入刑罚治理违法建设行为、规定责任追究机制、建立联合惩戒制度完善违法建筑责任认定;通过确立违法建筑分类处置机制、建立违法建筑发现机制、完善违法建筑的风险评估机制、完善违法建筑的激励制度、增加违法建筑处罚力度完善违法建筑处置措施。

目录

第1章 上位法及山东省内外立法立规之现状 ······001

1.1 上位法之立法立规:法律、行政法规、部门规章 ······001

1.2 省外之立法立规:地方性法规、地方政府规章 ······036

1.3 省内之立法立规:地方性法规、行政规范性文件 ······041

第2章 设区的市立法立规之比较 ······043

2.1 制定主体、制定时间、法规性质之比较 ······043

2.2 适用范围、执法主体之比较 ······047

2.3 立法原则、程序机制之比较 ······053

2.4 认定标准、表现类型之比较 ······057

2.5 责任认定、处置措施之比较 ······069

第3章 设区的市立法空间之明确 ······073

3.1 立法权限之明确 ······073

3.2 立法范围之明确 ······074

3.3 立法依据与体例之明确 ······075

第4章 设区的市立法之考量因素 ······078

4.1 违法建筑的公私法属性 ······078

4.2 立法的利益衡量与价值选择 ······081

4.3 立法的常见误区与典型案例 ······083

第5章 设区的市立法之制度设计 …………………………………………087

5.1 明确设区的市立法的原则 ……………………………………………087

5.2 确立违法建筑的认定标准和表现类型 ………………………………093

5.3 规范违法建筑的执法主体和相关程序 ………………………………104

5.4 完善违法建筑的责任认定与处置措施 ………………………………129

结 语 ………………………………………………………………………140

参考文献 …………………………………………………………………141

附 录 ………………………………………………………………………146

第1章 上位法及山东省内外立法立规之现状

目前，关于违法建筑防控与治理没有专门的法律、法规、规章，只有与违法建筑或违法建设部分内容相关的法律、法规和规章。我国现行调整和规范违法建筑，对违法建筑进行界定和处理的法律条文多为民商法、行政法规范，且散落于各法律、法规、规章中。从条文的适用性上来看，多属于特别性规则，即在所属法律、法规的适用范围内，适用于特定时间、特定空间、特定主体(或对象)、特定事项(或行为)的法律规则。主要包括上位法、山东省外立法、山东省内立法等法律、法规、规章等方面。[①]

1.1 上位法之立法立规:法律、行政法规、部门规章

表1 法律之违法建筑规定[②]

效力级别	名称	主要条文
法律	《城乡规划法》	第64、65、66、68条
	《行政强制法》	第44、50、51、52条
	《土地管理法》	第57、65、67、75、77、78、83条
	《民法典》	第114、240、344、347、349、350条
	《铁路法》	第37、46条
	《公路法》	第56、79、80、81条
	《道路交通安全法》	第28、106条
	《电力法》	第11、53、61、69条
	《港口法》	第46、47条
	《防洪法》	第22、42、53、54、55、57、58条
	《水法》	第31、35、37、65条

① 本书对违法建筑和违法建设的法律、法规、规章文本研究不作区分，后文统一纳入设区的市防控和治理违法建筑的研究分析范围。

② 囿于写作内容篇幅所限，本书的法律皆用简称。

续表：

效力级别	名称	主要条文
法律	《草原法》	第38、40、41、65、71条
	《石油天然气管道保护法》	第30、52、53条
	《水污染防治法》	第65、66、67、84、91条
	《文物保护法》	第17、18、19、26、66、67条
	《消防法》	第12、58、60条
	《防震减灾法》	第24、35、84条
	《民用航空法》	第58、59、60条
	《建筑法》	第64、71、72、73、74条
	《环境保护法》	第61、63条
	《城市房地产管理法》	第25、26、27条
	《畜牧法》	第40、60条
	《森林法》	第37、39、52、73条
	《海洋环境保护法》	第45、48、81、82条
	《黄河保护法》	第25、66、67、118条

1.1.1 法律中涉及防控和治理违法建筑的条款解读

这里所指的“法律”仅指我国最高立法机关，即全国人民代表大会及其常务委员会行使立法权，所制定的法律。回顾我国现阶段法治建设的历程，全国人大及其常委会并没有专门出台关于“违法建筑”的相关法律，而是散见于各种各样的部门法中。在各个部门法的管辖领域内，对涉及“违法建筑”的处理规定了各不相同、多样化的认定和惩罚措施。通过在北大法宝中输入“违法建筑”进行检索，并排除与此不相关联的法律内容，发现与防控和治理违法建筑相关的法律大概有25部(见表1)[①]。

1.1.1.1《城乡规划法》

根据2019年4月23日第十三届全国人民代表大会常务委员会第十次会议《关于修改〈中华人民共和国建筑法〉等八部法律的决定》第二次修正，《城乡规划法》是

① 最后检索时间为2023年7月31日。

城乡建设管理的重要法律,对于违法建筑的认定和查处具有重要意义。其中涉及违法建筑认定和查处的共有四个条款①。

一是,该法对于违法建设行为进行管理的主要手段是通过行政许可即《建设用地规划许可证》《建设工程规划许可证》和选址意见书等来实现规划。凡应当取得上述"两证一书"的建设行为如果未取得,其所产生的建筑物即是违法建筑。

二是,该法规定在当事人不停止建设或者逾期不拆除违法建筑的情况下,由县级以上地方人民政府城乡规划主管部门采取罚款、强制拆除等措施。该法规定在乡、村庄规划区内未依法取得乡村建设规划许可证或者未按照乡村建设规划许可证的规定进行建设的,由乡、镇人民政府责令停止建设、限期改正;逾期不改正的,可以拆除。

三是,对于违法建筑,根据《城乡规划法》的有关规定,除应当对违法当事人进行依法罚款外,对违法建筑有三种处置方法:限期改正;限期拆除;没收实物。根据《城乡规划法》第64条、第65条、第66条、第68条,应当具体把握如下:第一,限期改正。对于尚可采取改正措施消除对规划实施影响的违法建筑,应当责令当事人限期改正。限期改正的措施包括:补办审批手续;修正建筑;其他有效措施。对于城镇规划区内的违法建筑,由县级以上地方人民政府城乡规划主管部门作出决定;对于乡村规划区内的违法建筑,由乡镇人民政府作出决定。第二,限期拆除。对于无法采取改正措施消除对规划实施影响的违法建筑,应当责令当事人限期拆除。对

①《城乡规划法》第64条规定:"未取得建设工程规划许可证或者未按照建设工程规划许可证的规定进行建设的,由县级以上地方人民政府城乡规划主管部门责令停止建设;尚可采取改正措施消除对规划实施的影响的,限期改正,处建设工程造价百分之五以上百分之十以下的罚款;无法采取改正措施消除影响的,限期拆除,不能拆除的,没收实物或者违法收入,可以并处建设工程造价百分之十以下的罚款。"

《城乡规划法》第65条规定:"在乡、村庄规划区内未依法取得乡村建设规划许可证或者未按照乡村建设规划许可证的规定进行建设的,由乡、镇人民政府责令停止建设、限期改正;逾期不改正的,可以拆除。"

《城乡规划法》第66条规定:"建设单位或者个人有下列行为之一的,由所在地城市、县人民政府城乡规划主管部门责令限期拆除,可以并处临时建设工程造价一倍以下的罚款:(一)未经批准进行临时建设的;(二)未按照批准内容进行临时建设的;(三)临时建筑物、构筑物超过批准期限不拆除的。"

《城乡规划法》第68条规定:"城乡规划主管部门作出责令停止建设或者限期拆除的决定后,当事人不停止建设或者逾期不拆除的,建设工程所在地县级以上地方人民政府可以责成有关部门采取查封施工现场、强制拆除等措施。"

于城镇规划区内的违法建筑,由县级以上地方人民政府城乡规划主管部门作出拆除决定。当事人逾期不拆除的,建设工程所在地县级以上地方人民政府可以责成有关部门采取查封施工现场、强制拆除等措施。对于乡村规划区内的违法建筑,由乡镇人民政府作出拆除决定并依法实施强制拆除。第三,没收实物。对于"不能拆除"的违法建筑,如:技术上无法拆除或者可以改造为其他用途的违法建筑等,县级以上地方人民政府城乡规划主管部门可以作出没收该"违法建筑"的决定。[①]同时,还可依据《行政处罚法》和《行政强制法》的规定采取查封施工现场、强制拆除等措施。

1.1.1.2《行政强制法》

《行政强制法》专设4个条文规定如何处理违法建筑。第44条[②]为拆除违法建筑普遍设置了一个最低的程序要求,第50~52条对违反交通、环境、自然资源管理中的建筑障碍物的清除设置了代履行的执行程序[③]。

第一,对违法建筑的拆除基本程序要求。《行政强制法》第44条对所有违法建筑的拆除设置的一个普遍性的要求和程序,所有行政机关拆除各种违法建筑都必须遵守。这一基本程序的要求如下:一是,公告和期待当事人自我拆除。对违法建筑强制拆除之前,行政机关应当予以公告,规定当事人自行拆除的期限,从而为当事人拆除违法建筑留出合理有效的时间,也有利于减少违法建筑拆除成本、促进自

---

① 胡建淼:如何把握对"违法建筑"的改正、拆除和没收? 法治咖啡屋,2023-06-26.

②《行政强制法》第44条规定:"对违法的建筑物、构筑物、设施等需要强制拆除的,应当由行政机关予以公告,限期当事人自行拆除。当事人在法定期限内不申请行政复议或者提起行政诉讼,又不拆除的,行政机关可以依法强制拆除。"

③《行政强制法》第50条规定:"行政机关依法作出要求当事人履行排除妨碍、恢复原状等义务的行政决定,当事人逾期不履行,经催告仍不履行,其后果已经或者将危害交通安全、造成环境污染或者破坏自然资源的,行政机关可以代履行,或者委托没有利害关系的第三人代履行。"

《行政强制法》第51条规定:"代履行应当遵守下列规定:(一)代履行前送达决定书,代履行决定书应当载明当事人的姓名或者名称、地址,代履行的理由和依据、方式和时间、标的、费用预算以及代履行人;(二)代履行三日前,催告当事人履行,当事人履行的,停止代履行;(三)代履行时,作出决定的行政机关应当派员到场监督;(四)代履行完毕,行政机关到场监督的工作人员、代履行人和当事人或者见证人应当在执行文书上签名或者盖章。代履行的费用按照成本合理确定,由当事人承担。但是,法律另有规定的除外。代履行不得采用暴力、胁迫以及其他非法方式。"

《行政强制法》第52条规定:"需要立即清除道路、河道、航道或者公共场所的遗洒物、障碍物或者污染物,当事人不能清除的,行政机关可以决定立即实施代履行;当事人不在场的,行政机关应当在事后立即通知当事人,并依法作出处理。"

我拆除的实现。同时，还应当注意《行政强制法》第37条第1款规定的“经催告，逾期不履行，无正当理由”。“经催告”既是作出强拆决定的前置程序，也是强拆决定的必要条件，缺少此环节则直接导致强拆决定违法。催告必须以书面形式作出并直接送达相对人。催告书的内容应当充分，可以使相对人明确知道自己履行义务的期限和内容。“逾期不履行”中的“逾期”指的是，催告通知中另行指定的履行期限而非限期拆除决定中确定的履行期限。“无正当理由”系不确定法律概念，一般指相对人不自行拆除确实存在客观而非主观原因而导致的履行不能。①

二是，当事人在法定期限内不申请行政复议或者提起行政诉讼，又不拆除的，行政机关才可以依法强制拆除（如果法律规定行政机关有强制执行权的），或者申请人民法院强制执行（如果法律没有规定行政机关有行政强制执行权的）。也就是说，无论是行政机关自己实施强制执行，还是申请人民法院强制执行，都必须以当事人在法定期限内不申请行政复议或者提起行政诉讼，又不拆除为条件。

第二，对城镇国有土地上违法建筑的拆除程序。根据《城乡规划法》第68条的规定，结合《行政强制法》的相关规定，县级以上地方人民政府对城镇国有土地上违法建筑的拆除程序应当如下：首先，县级以上地方人民政府作出限期拆除的行政决定并送达。其次，公告和催告当事人履行。当事人在限期拆除的行政决定所规定的期限内不予拆除的，行政机关应当公告并向当事人发出催告履行书。再次，申请行政复议或者提起行政诉讼。当事人对限期拆除的行政决定不服的，有权申请行政复议或者提起行政诉讼。最后，实施强制执行。当事人在法定期限内不申请行政复议或者提起行政诉讼，又不履行的，县级以上地方人民政府实施强制执行。

1.1.1.3《土地管理法》

《土地管理法》第57条、第65条、第67条、第75条、第77条、第78条、第83条等，对违法用地管理特别是违法用地而兴建的建筑物如何界定与处理作了较为系

① 宋纲、贾亚强：《强制拆除违法建筑案件的司法审查》，载《人民司法》2012年第17期。

统的规定[①]。县级以上人民政府自然资源主管部门对违反土地管理法律、法规的行为进行监督检查。县级以上人民政府农业农村主管部门对农村宅基地的违法建筑进行监督检查。临时使用土地不得用于修建永久性建筑物，历史存在的建筑物不得重建扩建，由县级以上人民政府自然资源主管部门、农业农村主管部门责令限期改正、退还或拆除、恢复原状，进行处罚，必要时追究刑事责任。在《土地管理法》基础上，加上国务院的行政法规，自然资源部的规章和各地的地方性法规、规章等，构成了土地上违法建筑全面整体的内容。

1.1.1.4《民法典》

违法建筑在被认定为违法建筑并强制拆除前，物权所有人对违法建筑享有占有、使用、收益、处分等权利。[②]《民法典》第十二章建设用地使用权中的第114条、第240条、第344条、第347条、第349条、第350条等，规定了违法建筑的物权、使用权人

①《土地管理法》第57条规定："临时使用土地的使用者应当按照临时使用土地合同约定的用途使用土地，并不得修建永久性建筑物。临时使用土地期限一般不超过二年。"

《土地管理法》第65条规定："在土地利用总体规划制定前已建的不符合土地利用总体规划确定的用途的建筑物、构筑物，不得重建、扩建。"

《土地管理法》第67条规定："县级以上人民政府自然资源主管部门对违反土地管理法律、法规的行为进行监督检查。县级以上人民政府农业农村主管部门对违反农村宅基地管理法律、法规的行为进行监督检查的，适用本法关于自然资源主管部门监督检查的规定。"

《土地管理法》第75条规定："违反本法规定，占用耕地建窑、建坟或者擅自在耕地上建房、挖砂、采石、采矿、取土等，破坏种植条件的，或者因开发土地造成土地荒漠化、盐渍化的，由县级以上人民政府自然资源主管部门、农业农村主管部门等按照职责责令限期改正或者治理，可以并处罚款；构成犯罪的，依法追究刑事责任。"

《土地管理法》第77条规定："未经批准或者采取欺骗手段骗取批准，非法占用土地的，由县级以上人民政府自然资源主管部门责令退还非法占用的土地，对违反土地利用总体规划擅自将农用地改为建设用地的，限期拆除在非法占用的土地上新建的建筑物和其他设施，恢复土地原状，对符合土地利用总体规划的，没收在非法占用的土地上新建的建筑物和其他设施，可以并处罚款；对非法占用土地单位的直接负责的主管人员和其他直接责任人员，依法给予处分；构成犯罪的，依法追究刑事责任。超过批准的数量占用土地，多占的土地以非法占用土地论处。"

《土地管理法》第78条规定："农村村民未经批准或者采取欺骗手段骗取批准，非法占用土地建住宅的，由县级以上人民政府农业农村主管部门责令退还非法占用的土地，限期拆除在非法占用的土地上新建的房屋。"

《土地管理法》第83条规定："依照本法规定，责令限期拆除在非法占用的土地上新建的建筑物和其他设施的，建设单位或者个人必须立即停止施工，自行拆除；对继续施工的，作出处罚决定的机关有权制止。建设单位或者个人对责令限期拆除的行政处罚决定不服的，可以在接到责令限期拆除决定之日起十五日内，向人民法院起诉；期满不起诉又不自行拆除的，由作出处罚决定的机关依法申请人民法院强制执行，费用由违法者承担。"

② 具体可参见王洪平的《公私法交融视域下的违法建筑问题研究》第三章违法建筑所有权、第五章违法建筑的私法上处分、第八章违法建筑的公私法保护等的内容。黄忠：《违法建筑的私法地位之辨识——<物权法>第30条的解释论》，载《当代法学》2017年第5期。该文强调《物权法》并未否定违法建筑的所有权地位。

有权利用建筑物、办理登记、合理利用土地等制度。[①]建造人对违法建筑的占有应当作为一种事实状态受到法律保护。[②]被拆除的违法建筑虽然被依法认定为违法建筑，但是违法搭建人对建筑物、搭建物的建筑材料仍然享有所有权。政府主管部门依法强制拆除违法建筑后，将拆下的部分建筑材料运离现场并作建筑垃圾处理，缺乏法律依据，属违法的性质事实行为，应承担相应的行政赔偿责任。[③]违法建筑本身不能以不动产受到损害为理由获得国家赔偿，但是建筑人对建造物花费的建筑材料、装饰、装修以及屋内家具、设备等项目仍然具有单独的合法权利，如果该部分由于执法机关的严重过错造成不必要的损失，可以成本价折算后获得赔偿。

1.1.1.5《铁路法》

《铁路法》作为防控和治理关涉铁路领域违法建筑的专项立法，在第37条、第46条中，规定了铁路建设用地不得侵占、不得修建妨碍行车瞭望的建筑物，违反本法规定的由县级以上地方人民政府土地管理部门或县级以上地方人民政府停止侵占、赔偿损失、责令限期拆除、限期迁移、修剪砍伐等。[④]

---

①《民法典》第114条规定："民事主体依法享有物权。物权是权利人依法对特定的物享有直接支配和排他的权利，包括所有权、用益物权和担保物权。"

《民法典》第240条规定："所有权人对自己的不动产或者动产，依法享有占有、使用、收益和处分的权利。"

《民法典》第344条规定："建设用地使用权人依法对国家所有的土地享有占有、使用和收益的权利，有权利用该土地建造建筑物、构筑物及其附属设施。"

《民法典》第347条规定："设立建设用地使用权，可以采取出让或者划拨等方式。工业、商业、旅游、娱乐和商品住宅等经营性用地以及同一土地有两个以上意向用地者的，应当采取招标、拍卖等公开竞价的方式出让。严格限制以划拨方式设立建设用地使用权。"

《民法典》第349条规定："设立建设用地使用权的，应当向登记机构申请建设用地使用权登记。建设用地使用权自登记时设立。登记机构应当向建设用地使用权人发放权属证书。"

《民法典》第350条规定："建设用地使用权人应当合理利用土地，不得改变土地用途；需要改变土地用途的，应当依法经有关行政主管部门批准。"

② 参见北京市第一中级人民法院（2013）一中民终字第02544号"冯领印、张香玉诉张杏嘉所有权确认纠纷案"，见赵志、张磊：《冯领印、张香玉诉张杏嘉所有权确认纠纷案——违章建筑不适用所有权的原始取得》，载最高人民法院中国应用法学研究所编：《人民法院案例选》2013年第3辑（总第85辑），人民法院出版社2014年版，第145—149页。

③ 参见上海市第二中级人民法院〔2009〕沪二中行初字第28号"上海彭浦电器开关厂诉上海市闸北区人民政府行政赔偿案"，见李健、任夏青：《擅自处置强制拆除的违法建筑材料的赔偿》，载最高人民法院《人民司法·案例》2010年第20期。

④《铁路法》第37条规定："已经取得使用权的铁路建设用地，应当依照批准的用途使用，不得擅自改作他用；其他单位或者个人不得侵占。侵占铁路建设用地的，由县级以上地方人民政府土地管理部门责令停止侵占、赔偿损失。"

《铁路法》第46条第3款规定："铁路弯道内侧、平交道口和人行过道附近，不得修建妨碍行车瞭望的建筑物和种植妨碍行车瞭望的树木。修建妨碍行车瞭望的建筑物的，由县级以上地方人民政府责令限期拆除。种植妨碍行车瞭望的树木的，由县级以上地方人民政府责令有关单位或者个人限期迁移或者修剪、砍伐。违反前三款的规定，给铁路运输企业造成损失的单位或者个人，应当赔偿损失。"

1.1.1.6《公路法》

在实践中，随着市场经济的快速发展和城市的不断扩张，各地招商引资的项目有的在公路沿线安家落户，挤占公路规划用地的情况时有发生。而公路沿线的单位、个人也看中公路两侧出行便利的交通优势和巨大的发展潜力，在公路两侧建房开店，扩大面积、随意乱搭乱建从事经营。公路两侧的违法建筑越来越多，公路街道化现象日趋蔓延，严重危及公路畅通和交通安全。预防和查处公路两侧违法建筑的工作十分繁重。《公路法》作为防控和治理公路领域违法建筑的专项立法，在第56条、第79条、第80条、第81条中，规定了禁止在公路两侧或控制区内修建违法建筑。如设置公路标志以外的其他标志、在公路上增设平面交叉道口、修建违法建筑等情形，则由交通主管部门予以责令恢复原状、限期拆除、罚款等。①

1.1.1.7《建筑法》

1997年11月1日《建筑法》颁布，并于2011年、2019年进行两次修订。《建筑法》对建筑的合法性判断具有十分重要的意义。

该法第8条明确了合法建筑的条件。第64条、第71条、第72条、第73条、第74条分别规定了未取得施工许可证或者开工报告未经批准擅自施工、建筑设计单位不按照建筑工程质量、安全标准进行设计等违法建筑情形，要求责令停止施工、责令改正、处以罚款、责令停业整顿，降低资质等级或者吊销资质证书，造成损失的，

①《公路法》第56条规定："除公路防护、养护需要的以外，禁止在公路两侧的建筑控制区内修建建筑物和地面构筑物；需要在建筑控制区内埋设管线、电缆等设施的，应当事先经县级以上地方人民政府交通主管部门批准。前款规定的建筑控制区的范围，由县级以上地方人民政府按照保障公路运行安全和节约用地的原则，依照国务院的规定划定。建筑控制区范围经县级以上地方人民政府依照前款规定划定后，由县级以上地方人民政府交通主管部门设置标桩、界桩。任何单位和个人不得损坏、擅自挪动该标桩、界桩。"

《公路法》第79条规定："违反本法第54条规定，在公路用地范围内设置公路标志以外的其他标志的，由交通主管部门责令限期拆除，可以处二万元以下的罚款；逾期不拆除的，由交通主管部门拆除，有关费用由设置者负担。"

《公路法》第80条规定："违反本法第55条规定，未经批准在公路上增设平面交叉道口的，由交通主管部门责令恢复原状，处五万元以下的罚款。"

《公路法》第81条规定："违反本法第56条规定，在公路建筑控制区内修建建筑物、地面构筑物或者擅自埋设管线、电缆等设施的，由交通主管部门责令限期拆除，并可以处五万元以下的罚款。逾期不拆除的，由交通主管部门拆除，有关费用由建筑者、构筑者承担。"

承担赔偿责任；构成犯罪的，依法追究刑事责任等[①]。

1.1.1.8《环境保护法》

"绿水青山就是金山银山"，在环境保护中也应注重违法建筑的处理。实践中存在一些重审批轻建设、重开发轻保护的现象，例如非法进行矿产资源开发，违法进行交通、水电、林业等开发建设，盲目开展旅游开发活动等破坏自然生态环境的行为。《环境保护法》作为防控和治理环境保护领域违法建筑的专项立法，在第61条、第63条中，规定了未依法提交建设项目环评文件或提交后未批准、排放污染物、不正常运行防治污染设施等的情形，由环保部门责令停止建设、恢复原状、罚款，必要时移送公安机关拘留。[②]

---

①《建筑法》第8条规定："申请领取施工许可证，应当具备下列条件：(一)已经办理该建筑工程用地批准手续；(二)依法应当办理建设工程规划许可证的，已经取得建设工程规划许可证；(三)需要拆迁的，其拆迁进度符合施工要求；(四)已经确定建筑施工企业；(五)有满足施工需要的资金安排、施工图纸及技术资料；(六)有保证工程质量和安全的具体措施。建设行政主管部门应当自收到申请之日起七日内，对符合条件的申请颁发施工许可证。

《建筑法》第64条规定："违反本法规定，未取得施工许可证或者开工报告未经批准擅自施工的，责令改正，对不符合开工条件的责令停止施工，可以处以罚款。"

《建筑法》第71条规定："建筑施工企业违反本法规定，对建筑安全事故隐患不采取措施予以消除的，责令改正，可以处以罚款；情节严重的，责令停业整顿，降低资质等级或者吊销资质证书；构成犯罪的，依法追究刑事责任。建筑施工企业的管理人员违章指挥、强令职工冒险作业，因而发生重大伤亡事故或者造成其他严重后果的，依法追究刑事责任。"

《建筑法》第72条规定："建设单位违反本法规定，要求建筑设计单位或者建筑施工企业违反建筑工程质量、安全标准，降低工程质量的，责令改正，可以处以罚款；构成犯罪的，依法追究刑事责任。"

《建筑法》第73条规定："建筑设计单位不按照建筑工程质量、安全标准进行设计的，责令改正，处以罚款；造成工程质量事故的，责令停业整顿，降低资质等级或者吊销资质证书，没收违法所得，并处罚款；造成损失的，承担赔偿责任；构成犯罪的，依法追究刑事责任。"

《建筑法》第74条规定："建筑施工企业在施工中偷工减料的，使用不合格的建筑材料、建筑构配件和设备的，或者有其他不按照工程设计图纸或者施工技术标准施工的行为的，责令改正，处以罚款；情节严重的，责令停业整顿，降低资质等级或者吊销资质证书；造成建筑工程质量不符合规定的质量标准的，负责返工、修理，并赔偿因此造成的损失；构成犯罪的，依法追究刑事责任。"

②《环境保护法》第61条规定："建设单位未依法提交建设项目环境影响评价文件或者环境影响评价文件未经批准，擅自开工建设的，由负有环境保护监督管理职责的部门责令停止建设，处以罚款，并可以责令恢复原状。"

《环境保护法》第63条规定："企业事业单位和其他生产经营者有下列行为之一，尚不构成犯罪的，除依照有关法律法规规定予以处罚外，由县级以上人民政府环境保护主管部门或者其他有关部门将案件移送公安机关，对其直接负责的主管人员和其他直接责任人员，处十日以上十五日以下拘留；情节较轻的，处五日以上十日以下拘留：(一)建设项目未依法进行环境影响评价，被责令停止建设，拒不执行的；(二)违反法律规定，未取得排污许可证排放污染物，被责令停止排污，拒不执行的；(三)通过暗管、渗井、渗坑、灌注或者篡改、伪造监测数据，或者不正常运行防治污染设施等逃避监管的方式违法排放污染物的；(四)生产、使用国家明令禁止生产、使用的农药，被责令改正，拒不改正的。"

1.1.1.9《防洪法》

现阶段，防洪仍属于我们要奋力抵御的自然灾害，例如2023年特大暴雨造成河北388.86万人遭受洪灾，直接经济损失958.11亿元。然而，反作用于防洪工程的违法建筑很大程度上抵消了抗洪能力、提升了防洪难度。对于阻碍防洪工程的违法建筑的整治，《防洪法》负有重要责任。《防洪法》作为防控和治理河道、江河、湖泊、洪泛区、蓄滞洪中建设违法建筑的专项立法，在第22条、第42条、第53条、第54条、第55条、第57条、第58条中，规定了禁止在河道、江河、湖泊、洪泛区、蓄滞洪管理范围内建设妨碍行洪的建筑物，由防汛指挥机构责令限期清除，必要时作出紧急处理。对于未经规划、未按照规划、实施方案不一、未经验收等情形，责令采取补办规划、停止违法行为、限期拆除、限期改正、罚款等措施。①

1.1.1.10《文物保护法》

文物承载灿烂文明，传承历史文化，维系民族精神。近年来，文物违法建筑的

①《防洪法》第22条规定："河道、湖泊管理范围内的土地和岸线的利用，应当符合行洪、输水的要求。禁止在河道、湖泊管理范围内建设妨碍行洪的建筑物、构筑物，倾倒垃圾、渣土，从事影响河势稳定、危害河岸堤防安全和其他妨碍河道行洪的活动。"

《防洪法》第42条规定："对河道、湖泊范围内阻碍行洪的障碍物，按照谁设障、谁清除的原则，由防汛指挥机构责令限期清除；逾期不清除的，由防汛指挥机构组织强行清除，所需费用由设障者承担。在紧急防汛期，国家防汛指挥机构或者其授权的流域、省、自治区、直辖市防汛指挥机构有权对壅水、阻水严重的桥梁、引道、码头和其他跨河工程设施作出紧急处置。"

《防洪法》第53条规定："违反本法第17条规定，未经水行政主管部门签署规划同意书，擅自在江河、湖泊上建设防洪工程和其他水工程、水电站的，责令停止违法行为，补办规划同意书手续；违反规划同意书的要求，严重影响防洪的，责令限期拆除；违反规划同意书的要求，影响防洪但尚可采取补救措施的，责令限期采取补救措施，可以处一万元以上十万元以下的罚款。"

《防洪法》第54条规定："违反本法第19条规定，未按照规划治导线整治河道和修建控制引导河水流向、保护堤岸等工程，影响防洪的，责令停止违法行为，恢复原状或者采取其他补救措施，可以处一万元以上十万元以下的罚款。"

《防洪法》第55条规定："违反本法第22条第2款、第3款规定，有下列行为之一的，责令停止违法行为，排除阻碍或者采取其他补救措施，可以处五万元以下的罚款：(一)在河道、湖泊管理范围内建设妨碍行洪的建筑物、构筑物的；"

《防洪法》第57条规定："违反本法第27条规定，未经水行政主管部门对其工程建设方案审查同意或者未按照有关水行政主管部门审查批准的位置、界限，在河道、湖泊管理范围内从事工程设施建设活动的，责令停止违法行为，补办审查同意或者审查批准手续；工程设施建设严重影响防洪的，责令限期拆除，逾期不拆除的，强行拆除，所需费用由建设单位承担；影响行洪但尚可采取补救措施的，责令限期采取补救措施，可以处一万元以上十万元以下的罚款。"

《防洪法》第58条规定："违反本法第33条第1款规定，在洪泛区、蓄滞洪区内建设非防洪建设项目，未编制洪水影响评价报告或者洪水影响评价报告未经审查批准开工建设的，责令限期改正；逾期不改正的，处五万元以下的罚款。违反本法第33条第2款规定，防洪工程设施未经验收，即将建设项目投入生产或者使用的，责令停止生产或者使用，限期验收防洪工程设施，可以处五万元以下的罚款。"

案件层出不穷，例如长春东本愿寺旧址违法建筑案[①]、南通张謇启秀别业违法建筑案[②]等，致使文物历史风貌受到严重破坏，危及本体安全，严重影响了城市形象，造成了重大社会影响。防控和治理文物领域违法建筑面临着情况复杂、管理单位多样、执法难度大等问题，为此需要通力合作、严格执法、处罚到位。《文物保护法》作为防控和治理文物保护领域违法建筑的专项立法，在第17条、第18条、第19条、第26条、第66条、第67条中，规定了未经审批禁止在文物保护范围内进行建设工程、限制在建设控制带内进行建设工程等，违反本法规定的，由县级以上人民政府文物主管部门责令改正、警告、罚款、吊销资质证书等。在文物保护范围内建设污染物或未完成治理的，由环保部门给予处罚。[③]

① 中国文物报：踏石留印 抓铁有痕——长春东本愿寺旧址违法建筑查处纪实。http://www.ncha.gov.cn/art/2014/10/22/art_1766_114176.html。

② 推进文物保护 留住历史记忆|多年违建拆除，文物古建风采重现。https://www.spp.gov.cn/spp/zdgz/202211/t20221120_593289.shtml。

③《文物保护法》第17条规定："文物保护单位的保护范围内不得进行其他建设工程或者爆破、钻探、挖掘等作业。但是，因特殊情况需要在文物保护单位的保护范围内进行其他建设工程或者爆破、钻探、挖掘等作业的，必须保证文物保护单位的安全，并经核定公布该文物保护单位的人民政府批准，在批准前应当征得上一级人民政府文物行政部门同意；在全国重点文物保护单位的保护范围内进行其他建设工程或者爆破、钻探、挖掘等作业的，必须经省、自治区、直辖市人民政府批准，在批准前应当征得国务院文物行政部门同意。"

《文物保护法》第18条规定："根据保护文物的实际需要，经省、自治区、直辖市人民政府批准，可以在文物保护单位的周围划出一定的建设控制地带，并予以公布。在文物保护单位的建设控制地带内进行建设工程，不得破坏文物保护单位的历史风貌；工程设计方案应当根据文物保护单位的级别，经相应的文物行政部门同意后，报城乡建设规划部门批准。"

《文物保护法》第19条规定："在文物保护单位的保护范围和建设控制地带内，不得建设污染文物保护单位及其环境的设施，不得进行可能影响文物保护单位安全及其环境的活动。对已有的污染文物保护单位及其环境的设施，应当限期治理。"

《文物保护法》第26条规定："使用不可移动文物，必须遵守不改变文物原状的原则，负责保护建筑物及其附属文物的安全，不得损毁、改建、添建或者拆除不可移动文物。对危害文物保护单位安全、破坏文物保护单位历史风貌的建筑物、构筑物，当地人民政府应当及时调查处理，必要时，对该建筑物、构筑物予以拆迁。"

《文物保护法》第66条规定："有下列行为之一，尚不构成犯罪的，由县级以上人民政府文物主管部门责令改正，造成严重后果的，处五万元以上五十万元以下的罚款；情节严重的，由原发证机关吊销资质证书：(一)擅自在文物保护单位的保护范围内进行建设工程或者爆破、钻探、挖掘等作业的；(二)在文物保护单位的建设控制地带内进行建设工程，其工程设计方案未经文物行政部门同意、报城乡建设规划部门批准，对文物保护单位的历史风貌造成破坏的；(三)擅自迁移、拆除不可移动文物的；(四)擅自修缮不可移动文物，明显改变文物原状的；(五)擅自在原址重建已全部毁坏的不可移动文物，造成文物破坏的；(六)施工单位未取得文物保护工程资质证书，擅自从事文物修缮、迁移、重建的。刻划、涂污或者损坏文物尚不严重的，或者损毁依照本法第15条第1款规定设立的文物保护单位标志的，由公安机关或者文物所在单位给予警告，可以并处罚款。"

《文物保护法》第67条规定："在文物保护单位的保护范围内或者建设控制地带内建设污染文物保护单位及其环境的设施的，或者对已有的污染文物保护单位及其环境的设施未在规定的期限内完成治理的，由环境保护行政部门依照有关法律、法规的规定给予处罚。"

1.1.1.11《水污染防治法》

《水污染防治法》作为一部防治水污染、保护水生态、保障饮用水安全的法律，对于治理水环境质量差、水生态受损重、非法挤占水生态空间等问题具有重要意义。防治水污染需要严格执行城乡规划，积极保护生态空间，不得违规占用水域。《水污染防治法》作为防控水污染领域违法建筑的专项立法，在第65条、第66条、第67条、第84条、第91条中，规定了禁止在饮用水水源一级保护区、饮用水水源二级保护区、饮用水水源准保护区内新建违法建筑，由县级以上人民政府环境保护主管部门责令停止、拆除或关闭、罚款等。在饮用水水源保护区内设置排污口的，由县级以上地方人民政府、水行政主管部门或者流域管理机构给予限期拆除、停产整治、罚款等。①

1.1.1.12《城市房地产管理法》

《城市房地产管理法》作为加强城市房地产管理、防控城市房地产领域违法建筑的专项立法，在第25条、第26条、第27条中，规定了房地产开发需遵循城市规划，按照土地使用权出让合同开发土地，房地产设计施工需符合国家相关要求，竣

①《水污染防治法》第65条规定："禁止在饮用水水源一级保护区内新建、改建、扩建与供水设施和保护水源无关的建设项目；已建成的与供水设施和保护水源无关的建设项目，由县级以上人民政府责令拆除或者关闭。"
《水污染防治法》第66条规定："禁止在饮用水水源二级保护区内新建、改建、扩建排放污染物的建设项目；已建成的排放污染物的建设项目，由县级以上人民政府责令拆除或者关闭。"
《水污染防治法》第67条规定："禁止在饮用水水源准保护区内新建、扩建对水体污染严重的建设项目；改建建设项目，不得增加排污量。"
《水污染防治法》第84条规定："在饮用水水源保护区内设置排污口的，由县级以上地方人民政府责令限期拆除，处十万元以上五十万元以下的罚款；逾期不拆除的，强制拆除，所需费用由违法者承担，处五十万元以上一百万元以下的罚款，并可以责令停产整治。除前款规定外，违反法律、行政法规和国务院环境保护主管部门的规定设置排污口的，由县级以上地方人民政府环境保护主管部门责令限期拆除，处二万元以上十万元以下的罚款；逾期不拆除的，强制拆除，所需费用由违法者承担，处十万元以上五十万元以下的罚款；情节严重的，可以责令停产整治。未经水行政主管部门或者流域管理机构同意，在江河、湖泊新建、改建、扩建排污口的，由县级以上人民政府水行政主管部门或者流域管理机构依据职权，依照前款规定采取措施、给予处罚。"
《水污染防治法》第91条规定："有下列行为之一的，由县级以上地方人民政府环境保护主管部门责令停止违法行为，处十万元以上五十万元以下的罚款；并报经有批准权的人民政府批准，责令拆除或者关闭：(一)在饮用水水源一级保护区内新建、改建、扩建与供水设施和保护水源无关的建设项目的；(二)在饮用水水源二级保护区内新建、改建、扩建排放污染物的建设项目的；(三)在饮用水水源准保护区内新建、扩建对水体污染严重的建设项目，或者改建建设项目增加排污量的。在饮用水水源一级保护区内从事网箱养殖或者组织进行旅游、垂钓或者其他可能污染饮用水水体的活动的，由县级以上地方人民政府环境保护主管部门责令停止违法行为，处二万元以上十万元以下的罚款。个人在饮用水水源一级保护区内游泳、垂钓或者从事其他可能污染饮用水水体的活动的，由县级以上地方人民政府环境保护主管部门责令停止违法行为，可以处五百元以下的罚款。"

工需验收，否则便为违法建筑。[①]

1.1.1.13《草原法》

草原是我国重要陆地生态系统，是农牧民赖以生存的家园。近年来，国家高度重视草原执法监管、加强草原生态环境保护修复工作，但乱搭乱建、破坏草原资源等的违法案件仍时有发生，为此需要自然资源部门严格查处违法建筑行为，维护草原管理秩序长效稳定。[②]《草原法》作为防控草原领域违法建筑的专项立法，在第38条、第40条、第41条、第65条、第71条中，规定了进行草原工程建设需要经省级相关部门批准，临时占用草原不得超过二年、修建直接为草原保护和畜牧业生产服务的工程设施需县级以上人民政府或县级以上草原行政主管部门批准。未经批准或者采取欺骗手段骗取批准、非法使用草原的情形，由县级以上人民政府草原行政主管部门责令退还、恢复植被、罚款。临时占用草原修建违法建筑的，责令限期拆除。[③]

---

①《城市房地产管理法》第25条规定："房地产开发必须严格执行城市规划，按照经济效益、社会效益、环境效益相统一的原则，实行全面规划、合理布局、综合开发、配套建设。"

《城市房地产管理法》第26条规定："以出让方式取得土地使用权进行房地产开发的，必须按照土地使用权出让合同约定的土地用途、动工开发期限开发土地。超过出让合同约定的动工开发日期满一年未动工开发的，可以征收相当于土地使用权出让金百分之二十以下的土地闲置费；满二年未动工开发的，可以无偿收回土地使用权；但是，因不可抗力或者政府、政府有关部门的行为或者动工开发必需的前期工作造成动工开发迟延的除外。"

《城市房地产管理法》第27条规定："房地产开发项目的设计、施工，必须符合国家的有关标准和规范。房地产开发项目竣工，经验收合格后，方可交付使用。"

② 可参见《多伦县违法用地、私挖盗采、私搭乱建、破坏草原林地等违法行为专项整治工作方案》，其中提到："重点加大对违法占地、违法建房、私挖盗采、私搭乱建、破坏草原林地等违法行为的打击力度。"

③《草原法》第38条规定："进行矿藏开采和工程建设，应当不占或者少占草原；确需征收、征用或者使用草原的，必须经省级以上人民政府草原行政主管部门审核同意后，依照有关土地管理的法律、行政法规办理建设用地审批手续。"

《草原法》第40条规定："需要临时占用草原的，应当经县级以上地方人民政府草原行政主管部门审核同意。临时占用草原的期限不得超过二年，并不得在临时占用的草原上修建永久性建筑物、构筑物；占用期满，用地单位必须恢复草原植被并及时退还。"

《草原法》第41条规定："在草原上修建直接为草原保护和畜牧业生产服务的工程设施，需要使用草原的，由县级以上人民政府草原行政主管部门批准；修筑其他工程，需要将草原转为非畜牧业生产用地的，必须依法办理建设用地审批手续。前款所称直接为草原保护和畜牧业生产服务的工程设施，是指：(一)生产、贮存草种和饲草饲料的设施；(二)牲畜圈舍、配种点、剪毛点、药浴池、人畜饮水设施；(三)科研、试验、示范基地；(四)草原防火和灌溉设施。"

《草原法》第65条规定："未经批准或者采取欺骗手段骗取批准，非法使用草原，构成犯罪的，依法追究刑事责任；尚不够刑事处罚的，由县级以上人民政府草原行政主管部门依据职权责令退还非法使用的草原，对违反草原保护、建设、利用规划擅自将草原改为建设用地的，限期拆除在非法使用的草原上新建的建筑物和其他设施，恢复草原植被，并处草原被非法使用前三年平均产值六倍以上十二倍以下的罚款。"

《草原法》第71条规定："在临时占用的草原上修建永久性建筑物、构筑物的，由县级以上地方人民政府草原行政主管部门依据职权责令限期拆除；逾期不拆除的，依法强制拆除，所需费用由违法者承担。临时占用草原，占用期届满，用地单位不予恢复草原植被的，由县级以上地方人民政府草原行政主管部门依据职权责令限期恢复；逾期不恢复的，由县级以上地方人民政府草原行政主管部门代为恢复，所需费用由违法者承担。"

1.1.1.14《水法》

《水法》作为保护水资源、实现水资源可持续利用的一部法律，能够防控和治理河道、水资源开发管理范围内阻碍行洪建筑、非法占用河道建房等违法建筑案件。河道是下泄洪水保护城市安全的重要通道，在河道管理范围内的建筑物经过勘察，认定已经对行洪产生妨碍，或者影响河势稳定、危害河岸堤防安全，无论该建筑物是何时建成，均属于应当拆除的范围。为此，《水法》在第31条、第35条、第37条、第65条中，规定了建设地下工程需经过规划批准、采取补救措施、给予补偿。禁止在河道内兴建违法建筑，违反本法规定的，由县级以上人民政府水行政主管部门或者流域管理机构采取责令停止违法行为、限期改正、补办手续、强制拆除、罚款等措施。①

1.1.1.15《消防法》

随着城乡社会发展，城中村私搭乱建、农村大棚房等违法建设的行为比比皆是，造成了严重的火灾隐患。现实中消防车无法通过、消防设施设置问题多、"三合一"场所多、消防安全出口不符合要求、消防通道违建等问题侵占了居民公共生活空间，给消防安全带来严重困扰。《消防法》作为预防和减少火灾危害、维护公共安全的重要法律，对防控和治理涉及消防安全和城市燃气管道占压、圈围等隐患的违法建筑具有重要指导意义。《消防法》在第12条、第58条、第60条中，规定了未经消

①《水法》第31条规定："从事水资源开发、利用、节约、保护和防治水害等水事活动，应当遵守经批准的规划；因违反规划造成江河和湖泊水域使用功能降低、地下水超采、地面沉降、水体污染的，应当承担治理责任。开采矿藏或者建设地下工程，因疏干排水导致地下水水位下降、水源枯竭或者地面塌陷，采矿单位或者建设单位应当采取补救措施；对他人生活和生产造成损失的，依法给予补偿。"

《水法》第35条规定："从事工程建设，占用农业灌溉水源、灌排工程设施，或者对原有灌溉用水、供水水源有不利影响的，建设单位应当采取相应的补救措施；造成损失的，依法给予补偿。"

《水法》第37条规定："禁止在江河、湖泊、水库、运河、渠道内弃置、堆放阻碍行洪的物体和种植阻碍行洪的林木及高秆作物。禁止在河道管理范围内建设妨碍行洪的建筑物、构筑物以及从事影响河势稳定、危害河岸堤防安全和其他妨碍河道行洪的活动。"

《水法》第65条规定："在河道管理范围内建设妨碍行洪的建筑物、构筑物，或者从事影响河势稳定、危害河岸堤防安全和其他妨碍河道行洪的活动的，由县级以上人民政府水行政主管部门或者流域管理机构依据职权，责令停止违法行为，限期拆除违法建筑物、构筑物，恢复原状；逾期不拆除、不恢复原状的，强行拆除，所需费用由违法单位或者个人负担，并处一万元以上十万元以下的罚款。未经水行政主管部门或者流域管理机构同意，擅自修建水工程，或者建设桥梁、码头和其他拦河、跨河、临河建筑物、构筑物，铺设跨河管道、电缆，且防洪法未作规定的，由县级以上人民政府水行政主管部门或者流域管理机构依据职权，责令停止违法行为，限期补办有关手续；逾期不补办或者补办未被批准的，责令限期拆除违法建筑物、构筑物；逾期不拆除的，强行拆除，所需费用由违法单位或者个人负担，并处一万元以上十万元以下的罚款。虽经水行政主管部门或者流域管理机构同意，但未按照要求修建前款所列工程设施的，由县级以上人民政府水行政主管部门或者流域管理机构依据职权，责令限期改正，按照情节轻重，处一万元以上十万元以下的罚款。"

防审批建设工程不得施工、不得发放施工许可证。对于未经消防验收擅自施工、使用营业、占用堵塞消防通道等违法建筑情形，由住房和城乡建设主管部门、消防救援机构予以警告、责令改正、停止施工、停止使用或者停产停业、罚款等。①

1.1.1.16《电力法》

《电力法》作为保障和促进电力事业发展、维护居民用电合法权益的一部法律，能够避免发生电力安全事故、消除用电安全隐患。电力设施保护区内的违法建筑，是供电企业的一大难题。为此，《电力法》在第11条、第53条、第61条、第69条中，规定了行政相对人不得非法占用变电设施用地、不得在电力设施保护区内修建违法建筑，违反本法规定的，由县级以上地方人民政府采取责令改正、强制拆除或者清除等措施。②虽然《电力法》作了上述规定，但实践中供电企业无权处理违法建筑，但发生

①《消防法》第12条规定："特殊建设工程未经消防设计审查或者审查不合格的，建设单位、施工单位不得施工；其他建设工程，建设单位未提供满足施工需要的消防设计图纸及技术资料的，有关部门不得发放施工许可证或者批准开工报告。"

《消防法》第58条规定："违反本法规定，有下列行为之一的，由住房和城乡建设主管部门、消防救援机构按照各自职权责令停止施工、停止使用或者停产停业，并处三万元以上三十万元以下罚款：(一)依法应当进行消防设计审查的建设工程，未经依法审查或者审查不合格，擅自施工的；(二)依法应当进行消防验收的建设工程，未经消防验收或者消防验收不合格，擅自投入使用的；(三)本法第13条规定的其他建设工程验收后经依法抽查不合格，不停止使用的；(四)公众聚集场所未经消防救援机构许可，擅自投入使用、营业的，或者经核查发现场所使用、营业情况与承诺内容不符的。"

《消防法》第60条规定："单位违反本法规定，有下列行为之一的，责令改正，处五千元以上五万元以下罚款：(一)消防设施、器材或者消防安全标志的配置、设置不符合国家标准、行业标准，或者未保持完好有效的；(二)损坏、挪用或者擅自拆除、停用消防设施、器材的；(三)占用、堵塞、封闭疏散通道、安全出口或者有其他妨碍安全疏散行为的；(四)埋压、圈占、遮挡消火栓或者占用防火间距的；(五)占用、堵塞、封闭消防车通道，妨碍消防车通行的；(六)人员密集场所在门窗上设置影响逃生和灭火救援的障碍物的；(七)对火灾隐患经消防救援机构通知后不及时采取措施消除的。个人有前款第2项、第3项、第4项、第5项行为之一的，处警告或者五百元以下罚款。有本条第1款第3项、第4项、第5项、第6项行为，经责令改正拒不改正的，强制执行，所需费用由违法行为人承担。"

②《电力法》第11条规定："城市电网的建设与改造规划，应当纳入城市总体规划。城市人民政府应当按照规划，安排变电设施用地、输电线路走廊和电缆通道。任何单位和个人不得非法占用变电设施用地、输电线路走廊和电缆通道。"

《电力法》第53条规定："电力管理部门应当按照国务院有关电力设施保护的规定，对电力设施保护区设立标志。任何单位和个人不得在依法划定的电力设施保护区内修建可能危及电力设施安全的建筑物、构筑物，不得种植可能危及电力设施安全的植物，不得堆放可能危及电力设施安全的物品。在依法划定电力设施保护区前已经种植的植物妨碍电力设施安全的，应当修剪或者砍伐。"

《电力法》第61条规定："违反本法第11条第2款的规定，非法占用变电设施用地、输电线路走廊或者电缆通道的，由县级以上地方人民政府责令限期改正；逾期不改正的，强制清除障碍。"

《电力法》第69条规定："违反本法第53条规定，在依法划定的电力设施保护区内修建建筑物、构筑物或者种植植物、堆放物品，危及电力设施安全的，由当地人民政府责令强制拆除、砍伐或者清除。"

电力事故仍需承担赔偿责任的现象不断发生，为此需要供电企业不断加强风险管控，履行告知义务，在适当位置予以悬挂警示牌，加强与执法部门的协作沟通等。

1.1.1.17《防震减灾法》

随着经济社会的快速发展，地震违法行为开始呈现出高发性、复杂性和地域性的特点，部分体现为破坏地震监测设施或在地震监测站台附近兴建的违法建筑。[①]《防震减灾法》作为防御和减轻地震灾害、保护公民生命和财产安全的一部法律，在保护地震监测设施、治理监测环境破坏等方面具有重大作用。为此，《防震减灾法》第24条、第35条、第84条规定，新建扩建改建建设工程、监测范围内的建设工程，应征求地震工作部门意见，避免破坏地震监测环境。违反本法规定的，由国务院地震工作主管部门或者县级以上人民政府地震工作主管部门采取责令恢复原状或依法承担赔偿责任、罚款等措施。[②]

1.1.1.18《畜牧法》

《畜牧法》作为规范畜牧业生产经营行为、促进畜牧业高质量发展的一项法律，对合理利用畜牧养殖场、治理畜牧业违法建筑具有重要指导意义。《畜牧法》第40

①《防震减灾法》查处地震违法行为 护航防震减灾事业(下)，微信公众号：山西省地震局，2018-11-22。

②《防震减灾法》第24条规定："新建、扩建、改建建设工程，应当避免对地震监测设施和地震观测环境造成危害。建设国家重点工程，确实无法避免对地震监测设施和地震观测环境造成危害的，建设单位应当按照县级以上地方人民政府负责管理地震工作的部门或者机构的要求，增建抗干扰设施；不能增建抗干扰设施的，应当新建地震监测设施。对地震观测环境保护范围内的建设工程项目，城乡规划主管部门在依法核发选址意见书时，应当征求负责管理地震工作的部门或者机构的意见；不需要核发选址意见书的，城乡规划主管部门在依法核发建设用地规划许可证或者乡村建设规划许可证时，应当征求负责管理地震工作的部门或者机构的意见。"

《防震减灾法》第35条规定："新建、扩建、改建建设工程，应当达到抗震设防要求。重大建设工程和可能发生严重次生灾害的建设工程，应当按照国务院有关规定进行地震安全性评价，并按照经审定的地震安全性评价报告所确定的抗震设防要求进行抗震设防。建设工程的地震安全性评价单位应当按照国家有关标准进行地震安全性评价，并对地震安全性评价报告的质量负责。前款规定以外的建设工程，应当按照地震烈度区划图或者地震动参数区划图所确定的抗震设防要求进行抗震设防；对学校、医院等人员密集场所的建设工程，应当按照高于当地房屋建筑的抗震设防要求进行设计和施工，采取有效措施，增强抗震设防能力。"

《防震减灾法》第84条规定："违反本法规定，有下列行为之一的，由国务院地震工作主管部门或者县级以上地方人民政府负责管理地震工作的部门或者机构责令停止违法行为，恢复原状或者采取其他补救措施；造成损失的，依法承担赔偿责任：(一)侵占、毁损、拆除或者擅自移动地震监测设施的；(二)危害地震观测环境的；(三)破坏典型地震遗址、遗迹的。单位有前款所列违法行为，情节严重的，处二万元以上二十万元以下的罚款；个人有前款所列违法行为，情节严重的，处二千元以下的罚款。构成违反治安管理行为的，由公安机关依法给予处罚。"

条、第60条规定，畜禽养殖场选址应符合规划要求，不得在禁养区域建设畜禽养殖场。草原畜牧业发展还需遵守草原法律法规的规定。[①]

1.1.1.19《森林法》

绿水青山就是金山银山。在森林保护区、森林公园和风景区等森林资源丰富的区域内，部分存在着私人建筑、违法占用林地或园地等严重扰乱森林建设秩序、破坏森林资源环境的违法建筑。[②]《森林法》在第37条、第39条、第52条、第73条中，规定了占用林地需要审核同意、缴纳森林植被恢复费、办理建设用地审批手续等，违反本法规定的，由县级以上人民政府林业主管部门责令限期恢复、罚款等。[③]

1.1.1.20《民用航空法》

《民用航空法》作为保障民用航空活动安全、促进民用航空事业发展的一部法

①《畜牧法》第40条规定："畜禽养殖场的选址、建设应当符合国土空间规划，并遵守有关法律法规的规定；不得违反法律法规的规定，在禁养区域建设畜禽养殖场。"

《畜牧法》第60条规定："草原畜牧业发展涉及草原保护、建设、利用和管理活动的，应当遵守有关草原保护法律法规的规定。"

②《畜牧法》国家林业和草原局通报12起破坏森林资源典型案件。https://www.gov.cn/xinwen/2021-07/06/content_5622670.htm。其中第2个案例"黑龙江省五常市松花江绿达公司违法占用林地案"，黑龙江省五常市松花江绿达实业公司违法占用林地建设"桃园"度假山庄，官方多次处罚久拖18年未纠正问题。经国家林草局黑龙江专员办和黑龙江省林草局全程督办，违法建筑已于2021年3月22日被五常市人民政府强制拆除，并于3月28日完成植被恢复。

③《森林法》第37条规定："矿藏勘查、开采以及其他各类工程建设，应当不占或者少占林地；确需占用林地的，应当经县级以上人民政府林业主管部门审核同意，依法办理建设用地审批手续。占用林地的单位应当缴纳森林植被恢复费。森林植被恢复费征收使用管理办法由国务院财政部门会同林业主管部门制定。县级以上人民政府林业主管部门应当按照规定安排植树造林，恢复森林植被，植树造林面积不得少于因占用林地而减少的森林植被面积。上级林业主管部门应当定期督促下级林业主管部门组织植树造林、恢复森林植被，并进行检查。"

《森林法》第39条规定："禁止毁林开垦、采石、采砂、采土以及其他毁坏林木和林地的行为。"

《森林法》第52条规定："在林地上修筑下列直接为林业生产经营服务的工程设施，符合国家有关部门规定的标准的，由县级以上人民政府林业主管部门批准，不需要办理建设用地审批手续；超出标准需要占用林地的，应当依法办理建设用地审批手续：(一)培育、生产种子、苗木的设施；(二)贮存种子、苗木、木材的设施；(三)集材道、运材道、防火巡护道、森林步道；(四)林业科研、科普教育设施；(五)野生动植物保护、护林、林业有害生物防治、森林防火、木材检疫的设施；(六)供水、供电、供热、供气、通讯基础设施；(七)其他直接为林业生产服务的工程设施。"

《森林法》第73条规定："违反本法规定，未经县级以上人民政府林业主管部门审核同意，擅自改变林地用途的，由县级以上人民政府林业主管部门责令限期恢复植被和林业生产条件，可以处恢复植被和林业生产条件所需费用三倍以下的罚款。虽经县级以上人民政府林业主管部门审核同意，但未办理建设用地审批手续擅自占用林地的，依照《中华人民共和国土地管理法》的有关规定处罚。在临时使用的林地上修建永久性建筑物，或者临时使用林地期满后一年内未恢复植被或者林业生产条件的，依照本条第一款规定处罚。"

律，能够防控和治理民用航空管理范围内影响飞行安全、不符合净空要求、影响机场电磁环境等违法建筑案件。《民用航空法》第58条、第59条、第60条规定，禁止在民用机场范围内和机场净空保护区域内兴建违法建筑，违反本法规定的，由机场所在地县级以上地方人民政府责令清除、要求违法行为人补偿或者补救等。[①]

1.1.1.21《港口法》

《港口法》作为加强港口管理、促进港口建设与发展的一部法律，能够防控和治理港口管理范围内影响港口安全等违法建筑案件。《港口法》第46条、第47条规定，禁止违反港口规划、未经批准兴建违法建筑，兴建设施需符合距离要求，违反本法规定的，由县级以上地方人民政府或者港口行政管理部门责令限期改正、停止建设或罚款等。[②]

1.1.1.22《石油天然气管道保护法》

《石油天然气管道保护法》作为保护石油天然气管道安全、维护公共安全的一部法律，能够防控和治理石油天然气管道保护范围内危害管道安全活动或施工等违法建筑案件。《石油天然气管道保护法》第30条、第52条、第53条规定，禁止在管道线路五米范围内从事施工或修建建筑物，违反本法规定的，由县级以上政府主管

①《民用航空法》第58条规定："禁止在依法划定的民用机场范围内和按照国家规定划定的机场净空保护区域内从事下列活动：(一)修建可能在空中排放大量烟雾、粉尘、火焰、废气而影响飞行安全的建筑物或者设施；(二)修建靶场、强烈爆炸物仓库等影响飞行安全的建筑物或者设施；(三)修建不符合机场净空要求的建筑物或者设施；(四)设置影响机场目视助航设施使用的灯光、标志或者物体；(五)种植影响飞行安全或者影响机场助航设施使用的植物；(六)饲养、放飞影响飞行安全的鸟类动物和其他物体；(七)修建影响机场电磁环境的建筑物或者设施。禁止在依法划定的民用机场范围内放养牲畜。"

《民用航空法》第59条规定："民用机场新建、扩建的公告发布前，在依法划定的民用机场范围内和按照国家规定划定的机场净空保护区域内存在的可能影响飞行安全的建筑物、构筑物、树木、灯光和其他障碍物体，应当在规定的期限内清除；对由此造成的损失，应当给予补偿或者依法采取其他补救措施。"

《民用航空法》第60条规定："民用机场新建、扩建的公告发布后，任何单位和个人违反本法和有关行政法规的规定，在依法划定的民用机场范围内和按照国家规定划定的机场净空保护区域内修建、种植或者设置影响飞行安全的建筑物、构筑物、树木、灯光和其他障碍物体的，由机场所在地县级以上地方人民政府责令清除；由此造成的损失，由修建、种植或者设置该障碍物体的人承担。"

②《港口法》第46条规定："有下列行为之一的，由县级以上地方人民政府或者港口行政管理部门责令限期改正；逾期不改正的，由作出限期改正决定的机关申请人民法院强制拆除违法建设的设施；可以处五万元以下罚款：(一)违反港口规划建设港口、码头或者其他港口设施的；(二)未经依法批准，建设港口设施使用港口岸线的。

建设项目的审批部门对违反港口规划的建设项目予以批准的，对其直接负责的主管人员和其他直接责任人员，依法给予行政处分。"

《港口法》第47条规定："在港口建设的危险货物作业场所、实施卫生除害处理的专用场所与人口密集区或者港口客运设施的距离不符合国务院有关部门的规定的，由港口行政管理部门责令停止建设或者使用，限期改正，可以处五万元以下罚款。"

管道保护工作的部门采取责令停止、罚款、拆除等措施。①

1.1.1.23《海洋环境保护法》

《海洋环境保护法》与《环境保护法》都侧重环境保护，但前者主要针对的是海洋环境保护领域。近年来，海洋工程违法建设、海洋垃圾违法倾倒、破坏海洋（岛礁）资源、非法围填海等案件层出不穷，严重污染了近海环境、破坏了海洋资源开发利用、国家级自然保护区和海洋特别保护区（海洋公园）等。②为此，《海洋环境保护法》在第45条、第48条、第81条、第82条中，规定了禁止兴建破坏海洋生态环境、未经海洋行政主管部门验收等的违法建筑，由县级以上人民政府或海洋行政主管部门责令关闭、停止施工、罚款、恢复原状等。③

1.1.1.24《道路交通安全法》

《道路交通安全法》作为维护道路交通秩序、保护公共安全的一部法律，能够防控

①《石油天然气管道保护法》第30条规定："在管道线路中心线两侧各五米地域范围内，禁止下列危害管道安全的行为：（一）种植乔木、灌木、藤类、芦苇、竹子或者其他根系深达管道埋设部位可能损坏管道防腐层的深根植物；（二）取土、采石、用火、堆放重物、排放腐蚀性物质、使用机械工具进行挖掘施工；（三）挖塘、修渠、修晒场、修建水产养殖场、建温室、建家畜棚圈、建房以及修建其他建筑物、构筑物。"

《石油天然气管道保护法》第52条规定："违反本法第29条、第30条、第32条或者第33条第1款的规定，实施危害管道安全行为的，由县级以上地方人民政府主管管道保护工作的部门责令停止违法行为；情节较重的，对单位处一万元以上十万元以下的罚款，对个人处二百元以上二千元以下的罚款；对违法修建的建筑物、构筑物或者其他设施限期拆除；逾期未拆除的，由县级以上地方人民政府主管管道保护工作的部门组织拆除，所需费用由违法行为人承担。"

《石油天然气管道保护法》第53条规定："未经依法批准，进行本法第33条第2款或者第35条规定的施工作业的，由县级以上地方人民政府主管管道保护工作的部门责令停止违法行为；情节较重的，处一万元以上五万元以下的罚款；对违法修建的危害管道安全的建筑物、构筑物或者其他设施限期拆除；逾期未拆除的，由县级以上地方人民政府主管管道保护工作的部门组织拆除，所需费用由违法行为人承担。"

② 大面积破坏珊瑚礁和白蝶贝 海花岛39栋违建被勒令拆除。https://www.ccdi.gov.cn/yaowenn/202201/t20220107_162981.html。天津山东福建海警连续查处7起破坏海洋生态案件。https://www.sohu.com/a/401386734_800178。

③《海洋环境保护法》第45条规定："禁止在沿海陆域内新建不具备有效治理措施的化学制浆造纸、化工、印染、制革、电镀、酿造、炼油、岸边冲滩拆船以及其他严重污染海洋环境的工业生产项目。"

《海洋环境保护法》第48条规定："海洋工程建设项目的环境保护设施，必须与主体工程同时设计、同时施工、同时投产使用。环境保护设施未经海洋行政主管部门验收，或者经验收不合格的，建设项目不得投入生产或者使用。拆除或者闲置环境保护设施，必须事先征得海洋行政主管部门的同意。"

《海洋环境保护法》第81条规定："违反本法第四十五条的规定，新建严重污染海洋环境的工业生产建设项目的，按照管理权限，由县级以上人民政府责令关闭。"

《海洋环境保护法》第82条规定："违反本法第47条第1款的规定，进行海洋工程建设项目的，由海洋行政主管部门责令其停止施工，根据违法情节和危害后果，处建设项目总投资额百分之一以上百分之五以下的罚款，并可以责令恢复原状。违反本法第48条的规定，海洋工程建设项目未建成环境保护设施、环境保护设施未达到规定要求即投入生产、使用的，由海洋行政主管部门责令其停止生产、使用，并处五万元以上二十万元以下的罚款。"

和治理危害道路交通安全等违法建筑案件。《道路交通安全法》第28条、第106条规定，道路两侧设置的广告牌、管线等不得妨碍通行，由公安机关交通管理部门责令排除妨碍。[①]

1.1.1.25《黄河保护法》

黄河是中华民族的母亲河，保护黄河是事关中华民族伟大复兴的千秋大计。《黄河保护法》作为强化依法治水、携手共护黄河的专项立法，着重推进黄河流域生态保护与修复、防治黄河流域环境污染、河湖环境综合整治。《黄河保护法》对国土空间规划、黄河滩区及河道、湖泊周边建设实行严格管控。违法占用黄河滩地，将造成行洪安全隐患、损害黄河生态环境。[②]为此，《黄河保护法》在第25条、第66条、第67条、第118条中，规定了建筑需依法取得规划许可、影响防洪安全的应及时拆除、禁止兴建妨碍行洪的违法建筑等。违反本法规定，由县级以上地方人民政府水行政主管部门或者黄河流域管理机构及其所属管理机构作出责令停止、限期拆除、罚款、恢复原状等处罚，罚款最高上限可达50万元。[③]

①《道路交通安全法》第28条规定："任何单位和个人不得擅自设置、移动、占用、损毁交通信号灯、交通标志、交通标线。道路两侧及隔离带上种植的树木或者其他植物，设置的广告牌、管线等，应当与交通设施保持必要的距离，不得遮挡路灯、交通信号灯、交通标志，不得妨碍安全视距，不得影响通行。"
《道路交通安全法》第106条规定："在道路两侧及隔离带上种植树木、其他植物或者设置广告牌、管线等，遮挡路灯、交通信号灯、交通标志，妨碍安全视距的，由公安机关交通管理部门责令行为人排除妨碍；拒不执行的，处二百元以上二千元以下罚款，并强制排除妨碍，所需费用由行为人负担。"
② 山东东明：检察建议督促拆除黄河滩地违法建筑。https://www.spp.gov.cn/spp/dfjcdt/202303/t20230322_609133.shtml。
③《黄河保护法》第25条规定："国家对黄河流域国土空间严格实行用途管制。黄河流域县级以上地方人民政府自然资源主管部门依据国土空间规划，对本行政区域黄河流域国土空间实行分区、分类用途管制。黄河流域国土空间开发利用活动应当符合国土空间用途管制要求，并依法取得规划许可。"
《黄河保护法》第66条规定："在黄河滩区内，不得新规划城镇建设用地、设立新的村镇，已经规划和设立的，不得扩大范围；不得新划定永久基本农田，已经划定为永久基本农田、影响防洪安全的，应当逐步退出；不得新开垦荒地、新建生产堤，已建生产堤影响防洪安全的应当及时拆除，其他生产堤应当逐步拆除。"
《黄河保护法》第67条规定："国家加强黄河流域河道、湖泊管理和保护。禁止在河道、湖泊管理范围内建设妨碍行洪的建筑物、构筑物以及从事影响河势稳定、危害河岸堤防安全和其他妨碍河道行洪的活动。禁止违法利用、占用河道、湖泊水域和岸线。河道、湖泊管理范围由黄河流域管理机构和有关县级以上地方人民政府依法科学划定并公布。建设跨河、穿河、穿堤、临河的工程设施，应当符合防洪标准等要求，不得威胁堤防安全、影响河势稳定、擅自改变水域和滩地用途、降低行洪和调蓄能力、缩小水域面积；确实无法避免降低行洪和调蓄能力、缩小水域面积的，应当同时建设等效替代工程或者采取其他功能补救措施。"
《黄河保护法》第118条规定："违反本法规定，有下列行为之一的，由县级以上地方人民政府水行政主管部门或者黄河流域管理机构及其所属管理机构责令停止违法行为，限期拆除违法建筑物、构筑物或者恢复原状，处五万元以上五十万元以下罚款；逾期不拆除或者不恢复原状的，强制拆除或者代为恢复原状，所需费用由违法者承担：(一)在河道、湖泊管理范围内建设妨碍行洪的建筑物、构筑物或者从事影响河势稳定、危害河岸堤防安全和其他妨碍河道行洪的活动；(二)违法利用、占用黄河流域河道、湖泊水域和岸线；(三)建设跨河、穿河、穿堤、临河的工程设施，降低行洪和调蓄能力或者缩小水域面积，未建设等效替代工程或者采取其他功能补救措施；(四)侵占黄河备用入海流路。"

综合而言，我国当前没有专门规范违法建筑防控与治理的统一立法，违法建筑防控和治理的法律规范散见于各部门法之中。由于各单行法立法关注的问题、范围不同，所以防治违法建筑的规定有时难以统一、较为分散，不利于防控违法建筑的实践需要。例如《环境保护法》《水法》《公路法》《文物保护法》等都根据各法防控和治理违法建筑的实际需要，设定了环境保护主管部门、水行政主管部门或者流域管理机构、交通主管部门、文物主管部门等违法建筑执法机关。在治理违法建筑实际执法过程中，可能会面临执法机关衔接不畅、执法程序繁杂、行政处罚自由裁量范围较大等问题。

1.1.2 行政法规中涉及防控和治理违法建筑的条款解读

通过在北大法宝中输入“违法建筑”进行检索，并排除与此不相关联的内容，发现与防控和治理违法建筑相关的行政法规大概有16部(见表2)。①

表2 行政法规之违法建筑规定

效力级别	名称	主要条文
行政法规	《土地管理法实施条例》	第52、53、58条
	《村庄和集镇规划建设管理条例》	第32、37、40条
	《城市道路管理条例》	第27、42条
	《广播电视设施保护条例》	第6、7、8、9、20条
	《城市市容和环境卫生管理条例》	第14、36、37条
	《城市供水条例》	第29、35、36条
	《电力设施保护条例》	第15、16、26、29条
	《城市绿化条例》	第19、25、27条
	《国有土地上房屋征收与补偿条例》	第16、24条
	《文物保护法实施条例》	第19条
	《建设工程质量管理条例》	第58条
	《水文条例》	第32、37条
	《物业管理条例》	第50、63条
	《长江三峡工程建设移民条例》	第29条
	《公路安全保护条例》	第13、19、56条
	《历史文化名城名镇名村保护条例》	第24、25、28、39、41、43条

① 最后检索时间为2023年7月31日。

1.1.2.1《土地管理法实施条例》

《土地管理法实施条例》作为深入实施《土地管理法》的专项立法,包括总则、国土空间规划、耕地保护、建设用地、监督检查、法律责任等内容。《土地管理法实施条例》第52条、第53条、第58条分别就违反《土地管理法》第57条、第65条、第74条、第77条的内容进行了细化,违反本法规定的,由县级以上人民政府自然资源主管部门采取责令限期拆除、罚款或申请人民法院强制执行等措施。①

1.1.2.2《村庄和集镇规划建设管理条例》

《村庄和集镇规划建设管理条例》作为加强村庄集镇规划建设、促进乡村振兴发展的行政法规,能够防控和治理违反村庄和集镇规划建设等违法建筑案件。《村庄和集镇规划建设管理条例》第32条、第37条、第40条突出强调了乡级人民政府的审批,没有批准不得修建临时建筑物、构筑物等。严重影响村庄集镇规划的违法建筑由县级人民政府建设行政主管部门责令停止建设、限期拆除、没收或者罚款等。修建临时建筑物的,由乡镇政府拆除、罚款等。②

①《土地管理法实施条例》第52条规定:"违反《土地管理法》第57条的规定,在临时使用的土地上修建永久性建筑物的,由县级以上人民政府自然资源主管部门责令限期拆除,按占用面积处土地复垦费5倍以上10倍以下的罚款;逾期不拆除的,由作出行政决定的机关依法申请人民法院强制执行。"

《土地管理法实施条例》第53条规定:"违反《土地管理法》第65条的规定,对建筑物、构筑物进行重建、扩建的,由县级以上人民政府自然资源主管部门责令限期拆除;逾期不拆除的,由作出行政决定的机关依法申请人民法院强制执行。"

《土地管理法实施条例》第58条规定:"依照《土地管理法》第74条、第77条的规定,县级以上人民政府自然资源主管部门没收在非法转让或者非法占用的土地上新建的建筑物和其他设施的,应当于九十日内交由本级人民政府或者其指定的部门依法管理和处置。"

②《村庄和集镇规划建设管理条例》第32条规定:"未经乡级人民政府批准,任何单位和个人不得擅自在村庄、集镇规划区内的街道、广场、市场和车站等场所修建临时建筑物、构筑物和其他设施。"

《村庄和集镇规划建设管理条例》第37条规定:"在村庄、集镇规划区内,未按规划审批程序批准或者违反规划的规定进行建设,严重影响村庄、集镇规划的,由县级人民政府建设行政主管部门责令停止建设,限期拆除或者没收违法建筑物、构筑物和其他设施;影响村庄、集镇规划,尚可采取改正措施的,由县级人民政府建设行政主管部门责令限期改正,处以罚款。农村居民未经批准或者违反规划的规定建住宅的,乡级人民政府可以依照前款规定处罚。"

《村庄和集镇规划建设管理条例》第40条规定:"擅自在村庄、集镇规划区内的街道、广场、市场和车站等场所修建临时建筑物、构筑物和其他设施的,由乡级人民政府责令限期拆除,并可处以罚款。"

1.1.2.3《城市道路管理条例》

《城市道路管理条例》作为加强城市道路管理、发挥城市道路功能等的专项立法，包括总则、规划和建设、养护和维修、路政管理、罚则、附则等内容。《城市道路管理条例》第27条、第42条规定，擅自在城市道路上建设建筑物、构筑物、未提前办理变更审批手续从事建设等的违法建筑情形，由市政工程行政主管部门或者其他有关部门采取责令限期改正、罚款、承担赔偿责任等措施。①

1.1.2.4《广播电视设施保护条例》

《广播电视设施保护条例》作为维护广播电视设施安全、确保广播电视信号的专门行政法规，包括总则、保护措施、罚则、附则等内容。《广播电视设施保护条例》要求将广播电视设施规划纳入城乡建设总体规划，建设应当尽量避开广播电视设施，审批前应当征得有关广播电视行政管理部门同意等。《广播电视设施保护条例》第6条、第7条、第8条、第9条、第20条规定，禁止在一定范围内施工、铺设管道或悬挂物品、兴建铁路、加油站、严重粉尘污染的设施或建筑施工等。违反本法规定的，由县级以上人民政府广播电视行政管理部门或者其授权的广播电视设施管理

---

①《城市道路管理条例》第27条规定："城市道路范围内禁止下列行为：
(一)擅自占用或者挖掘城市道路；
(二)履带车、铁轮车或者超重、超高、超长车辆擅自在城市道路上行驶；
(三)机动车在桥梁或者非指定的城市道路上试刹车；
(四)擅自在城市道路上建设建筑物、构筑物；
(五)在桥梁上架设压力在4公斤/平方厘米(0.4兆帕)以上的煤气管道、10千伏以上的高压电力线和其他易燃易爆管线；
(六)擅自在桥梁或者路灯设施上设置广告牌或者其他挂浮物；(七)其他损害、侵占城市道路的行为。"
《城市道路管理条例》第42条规定："违反本条例第27条规定，或者有下列行为之一的，由市政工程行政主管部门或者其他有关部门责令限期改正，可以处以2万元以下的罚款；造成损失的，应当依法承担赔偿责任：
(一)未对设在城市道路上的各种管线的检查井、箱盖或者城市道路附属设施的缺损及时补缺或者修复的；
(二)未在城市道路施工现场设置明显标志和安全防围设施的；
(三)占用城市道路期满或者挖掘城市道路后，不及时清理现场的；
(四)依附于城市道路建设各种管线、杆线等设施，不按照规定办理批准手续的；
(五)紧急抢修埋设在城市道路下的管线，不按照规定补办批准手续的；
(六)未按照批准的位置、面积、期限占用或者挖掘城市道路，或者需要移动位置、扩大面积、延长时间，未提前办理变更审批手续的。"

单位采取责令改正、限期拆除、等措施。①

1.1.2.5《城市市容和环境卫生管理条例》

《城市市容和环境卫生管理条例》作为加强城市市容和环境卫生管理、创造优美生活环境等的专项立法，包括总则、城市市容管理、城市环境卫生管理、罚则、附则等内容。《城市市容和环境卫生管理条例》第14条、第36条、第37条规定，不得在街道两侧和公共场所搭建建筑物，搭建非永久性建筑物需同意、设置大型户外广告需同意等。违反本法规定的，由城市人民政府市容环境卫生行政主管部门或者其委托的单位、城市规划行政主管部门等采取责令停止、限期改造或拆

①《广播电视设施保护条例》第6条规定："禁止危及广播电视信号发射设施的安全和损害其使用效能的下列行为：(一)拆除或者损坏天线、馈线、地网以及天线场地的围墙、围网及其附属设备、标志物；(二)在中波天线周围250米范围内建筑施工，或者以天线外250米为计算起点兴建高度超过仰角3度的高大建筑；(三)在短波天线前方500米范围内种植成林树木、堆放金属物品、穿越架空电力线路、建筑施工，或者以天线外500米为计算起点兴建高度超过仰角3度的高大建筑；(四)在功率300千瓦以上的定向天线前方1000米范围内建筑施工，或者以天线外1000米为计算起点兴建高度超过仰角3度的高大建筑；(五)在馈线两侧各3米范围内建筑施工，或者在馈线两侧各5米范围内种植树木、种植高杆作物；(六)在天线、塔桅(杆)周围5米或者可能危及拉锚安全的范围内挖沙、取土、钻探、打桩，仰倒腐蚀性物品。"

《广播电视设施保护条例》第7条规定："禁止危及广播电视信号专用传输设施的安全和损害其使用效能的下列行为：(一)在标志埋设地下传输线路两侧各5米和水下传输线路两侧各50米范围内进行铺设易燃易爆液(气)体主管道、抛锚、拖锚、挖沙等施工作业；(二)移动、损坏传输线路、终端杆、塔桅(杆)及其附属设备、标志物；(三)在标志埋设地下传输线路的地面周围1米范围内种植根茎可能缠绕传输线路的植物、倾倒腐蚀性物品；(四)树木的顶端与架空传输线路的间距小于2米；(五)在传输线路塔桅(杆)、拉线周围1米范围内挖沙、取土，或者在其周围5米范围内倾倒腐蚀性物品、堆放易燃易爆物品；(六)在传输线路塔桅(杆)、拉线上拴系牲畜、悬挂物品、攀附农作物。"

《广播电视设施保护条例》第8条规定："禁止危及广播电视信号监测设施的安全和损害其使用效能的下列行为：(一)移动、损坏监测接收天线、塔桅(杆)及其附属设备、标志物；(二)在监测台、站周围违反国家标准架设架空电力线路，兴建电气化铁路、公路等产生电磁辐射的设施或者设置金属构件；(三)在监测台、站测向场强室周围150米范围内种植树木、高杆作物、进行对土地平坦有影响的挖掘、施工；(四)在监测天线周围1000米范围内建筑施工，或者以天线外1000米为计算起点修建高度超过仰角3角的建筑物、构筑物或者堆放超高的物品。"

《广播电视设施保护条例》第9条规定："禁止危及广播电视设施安全和损害其使用效能的下列行为：(一)在广播电视设施周围500米范围内进行爆破作业；(二)在天线、馈线、传输线路及其塔桅(杆)、拉线周围500米范围内进行烧荒；(三)在卫星天线前方50米范围内建筑施工，或者以天线前方50米为计算起点修建高度超过仰角5度的建筑物、构筑物或者堆放超高的物品；(四)在发射、监测台、站周围1500米范围内兴建有严重粉尘污染、严重腐蚀性化学气体溢出或者产生放射性物质的设施；(五)在发射、监测台、站周围500米范围内兴建油库、加油站、液化气站、煤气站等易燃易爆设施。"

《广播电视设施保护条例》第20条规定："违反本条例规定，在广播电视设施保护范围内进行建筑施工、兴建设施或者爆破作业、烧荒等活动的，由县级以上人民政府广播电视行政管理部门或者其授权的广播电视设施管理单位责令改正，限期拆除违章建筑、设施，对个人处1000元以上1万元以下的罚款，对单位处2万元以上10万元以下的罚款；对其直接负责的主管人员及其他直接责任人员依法给予行政处分；违反治安管理规定的，由公安机关依法给予治安管理处罚；构成犯罪的，依法追究刑事责任。"

除、罚款等措施。[①]

1.1.2.6《城市供水条例》

《城市供水条例》作为加强城市供水管理、保障城市生活用水和建设用水等的专项立法，颁布于1994年，历经2018年、2020年两次修订，包括总则、城市供水水源、城市供水工程建设、城市供水经营、城市供水设施维护、罚则、附则等内容。《城市供水条例》第29条、第35条、第36条规定，禁止在城市供水安全范围内修建建筑物等，由城市供水行政主管部门或者其授权的单位等采取责令停止、限期改正、停止供水、罚款、依法赔偿损失等措施。[②]

1.1.2.7《电力设施保护条例》

《电力设施保护条例》作为保障电力生产和建设顺利进行、维护公共安全等的专项立法，颁布于1987年，历经1998年、2011年两次修订，包括总则、电力设施的保护范围和保护区、电力设施的保护、对电力设施与其他设施互相妨碍的处理、奖

①《城市市容和环境卫生管理条例》第14条规定："任何单位和个人都不得在街道两侧和公共场地堆放物料，搭建建筑物、构筑物或者其他设施。因建设等特殊需要，在街道两侧和公共场地临时堆放物料，搭建非永久性建筑物、构筑物或者其他设施的，必须征得城市人民政府市容环境卫生行政主管部门同意后，按照有关规定办理审批手续。"

《城市市容和环境卫生管理条例》第36条规定："有下列行为之一者，由城市人民政府市容环境卫生行政主管部门或者其委托的单位责令其停止违法行为，限期清理、拆除或者采取其他补救措施，并可处以罚款：(一)未经城市人民政府市容环境卫生行政主管部门同意，擅自设置大型户外广告，影响市容的；(二)未经城市人民政府市容环境卫生行政主管部门批准，擅自在街道两侧和公共场地堆放物料，搭建建筑物、构筑物或者其他设施，影响市容的；(三)未经批准擅自拆除环境卫生设施或者未按批准的拆迁方案进行拆迁的。"

《城市市容和环境卫生管理条例》第37条规定："凡不符合城市容貌标准、环境卫生标准的建筑物或者设施，由城市人民政府市容环境卫生行政主管部门会同城市规划行政主管部门，责令有关单位和个人限期改造或者拆除；逾期未改造或者未拆除的，经县级以上人民政府批准，由城市人民政府市容环境卫生行政主管部门或者城市规划行政主管部门组织强制拆除，并可处以罚款。"

②《城市供水条例》第29条规定："在规定的城市公共供水管道及其附属设施的地面和地下的安全保护范围内，禁止挖坑取土或者修建建筑物、构筑物等危害供水设施安全的活动。"

《城市供水条例》第35条规定："违反本条例规定，有下列行为之一的，由城市供水行政主管部门或者其授权的单位责令限期改正，可以处以罚款：(一)盗用或者转供城市公共供水的；(二)在规定的城市公共供水管道及其附属设施的安全保护范围内进行危害供水设施安全活动的；(三)擅自将自建设施供水管网系统与城市公共供水管网系统连接的；(四)产生或者使用有毒有害物质的单位将其生产用水管网系统与城市公共供水管网系统直接连接的；(五)在城市公共供水管道上直接装泵抽水的；(六)擅自拆除、改装或者迁移城市公共供水设施的。有前款第(一)项、第(三)项、第(四)项、第(五)项、第(六)项所列行为之一，情节严重的，经县级以上人民政府批准，还可以在一定时间内停止供水。"

《城市供水条例》第36条规定："建设工程施工危害城市公共供水设施的，由城市供水行政主管部门责令停止危害活动；造成损失的，由责任方依法赔偿损失；对负有直接责任的主管人员和其他直接责任人员，其所在单位或者上级机关可以给予行政处分。"

励与惩罚、附则等内容。《电力设施保护条例》第15条、第16条、第26条、第29条规定，不得在架空电力线路保护区、电力电缆线路保护区内兴建建筑物、构筑物等。违反本法规定的，由电力管理部门采取责令改正、恢复原状并赔偿损失等措施。[①]

1.1.2.8《城市绿化条例》

《城市绿化条例》作为促进城市绿化事业发展、增进人民身心健康的行政法规，对防控和治理城市绿化领域的违法建筑具有重要意义。在实践中，部分城市存在着占用绿地进行违法建筑、以绿地为名兴建违法建筑的情况。为此，《城市绿化条例》第19条、第25条、第27条规定，不得擅自占用绿地、占用绿地需要审批，未经批准同意占用绿地、未经批准施工的，由城市人民政府城市绿化行政主管部门责令停止施工、限期改正、罚款等。[②]

1.1.2.9《国有土地上房屋征收与补偿条例》

《国有土地上房屋征收与补偿条例》是对原《城市房屋拆迁管理条例》的替代，作为规范国有土地上房屋征收与补偿活动、保障被征收房屋所有权人的合法权益的条例，包括总则、征收决定、补偿、法律责任、附则等内容，在房屋征收补偿案件中运用较多。《国有土地上房屋征收与补偿条例》第16条规定，不得在原有房屋征收

①《电力设施保护条例》第15条规定："任何单位或个人在架空电力线路保护区内，必须遵守下列规定：(一)不得堆放谷物、草料、垃圾、矿渣、易燃物、易爆物及其他影响安全供电的物品；(二)不得烧窑、烧荒；(三)不得兴建建筑物、构筑物；(四)不得种植可能危及电力设施安全的植物。"

《电力设施保护条例》第16条规定："任何单位或个人在电力电缆线路保护区内，必须遵守下列规定：(一)不得在地下电缆保护区内堆放垃圾、矿渣、易燃物、易爆物，倾倒酸、碱、盐及其他有害化学物品，兴建建筑物、构筑物或种植树木、竹子；(二)不得在海底电缆保护区内抛锚、拖锚；(三)不得在江河电缆保护区内抛锚、拖锚、炸鱼、挖沙。"

《电力设施保护条例》第26条规定："违反本条例规定，未经批准或未采取安全措施，在电力设施周围或在依法划定的电力设施保护区内进行爆破或其他作业，危及电力设施安全的，由电力管理部门责令停止作业、恢复原状并赔偿损失。"

《电力设施保护条例》第29条规定："违反本条例规定，危害电力设施建设的，由电力管理部门责令改正、恢复原状并赔偿损失。"

②《城市绿化条例》第19条规定："任何单位和个人都不得擅自占用城市绿化用地；占用的城市绿化用地，应当限期归还。因建设或者其他特殊需要临时占用城市绿化用地，须经城市人民政府城市绿化行政主管部门同意，并按照有关规定办理临时用地手续。"

《城市绿化条例》第25条规定："工程建设项目的附属绿化工程设计方案，未经批准或者未按照批准的设计方案施工的，由城市人民政府城市绿化行政主管部门责令停止施工、限期改正或者采取其他补救措施。"

《城市绿化条例》第27条规定："未经同意擅自占用城市绿化用地的，由城市人民政府城市绿化行政主管部门责令限期退还、恢复原状，可以并处罚款；造成损失的，应当负赔偿责任。"

范围基础上新建房屋,否则不予补偿。该法第24条规定,房屋是否能够获得补偿必须要经过相关部门的认定:认定为合法建筑的,应当给予补偿;认定为违法建筑的,不给予补偿。①

1.1.2.10《文物保护法实施条例》

《文物保护法实施条例》颁布于2003年,此后又历经2013年、2016年、2017年、2017年第二次修订等四次修订,明确了各级政府和有关部门的文物保护权利、义务和工作程序,对文物保护作了具体规定,使《文物保护法》有了较强操作性。在实践中,我国文物保护仍存在着一些问题,比如侵占文化遗址用地、为赶工期不惜毁坏文化遗址、过度开发和不合理利用等兴建违法建筑而损害文物保护的情况等。②为此,《文物保护法实施条例》第19条规定,危害文物安全或者破坏历史风貌的建筑物、构筑物,分别由省级人民政府、核定文物保护单位的人民政府、县级人民政府负责调查处理。③

1.1.2.11《建设工程质量管理条例》

《建设工程质量管理条例》颁布于2000年,此后2017年、2019年又分别进行了两次修订,对于加强建设工程质量管理、保证建设工程质量具有重要意义。实践中,为了追求政绩工程和不当利益,部分开发商降低了房屋质量要求,产生了“豆腐渣工程”。《建设工程质量管理条例》要求建筑物不能违反建筑的相关禁止性规定,否则该建筑物便为违法建筑。该法第58条规定,对于未竣工验收、验收不合格的

①《国有土地上房屋征收与补偿条例》第16条规定:“房屋征收范围确定后,不得在房屋征收范围内实施新建、扩建、改建房屋和改变房屋用途等不当增加补偿费用的行为;违反规定实施的,不予补偿。房屋征收部门应当将前款所列事项书面通知有关部门暂停办理相关手续。暂停办理相关手续的书面通知应当载明暂停期限。暂停期限最长不得超过1年。”

《国有土地上房屋征收与补偿条例》第24条规定:“市、县级人民政府及其有关部门应当依法加强对建设活动的监督管理,对违反城乡规划进行建设的,依法予以处理。市、县级人民政府作出房屋征收决定前,应当组织有关部门依法对征收范围内未经登记的建筑进行调查、认定和处理。对认定为合法建筑和未超过批准期限的临时建筑的,应当给予补偿;对认定为违法建筑和超过批准期限的临时建筑的,不予补偿。”

② 王才亮:《违法建筑处理与常见错误分析》,中国建筑工业出版社2013年版,第76-78页。

③《文物保护法实施条例》第19条规定:“危害全国重点文物保护单位安全或者破坏其历史风貌的建筑物、构筑物,由省、自治区、直辖市人民政府负责调查处理。危害省级、设区的市、自治州级、县级文物保护单位安全或者破坏其历史风貌的建筑物、构筑物,由核定公布该文物保护单位的人民政府负责调查处理。危害尚未核定公布为文物保护单位的不可移动文物安全的建筑物、构筑物,由县级人民政府负责调查处理。”

违法建筑,可以责令改正、罚款、承担赔偿责任等。①

1.1.2.12《水文条例》

《水文条例》颁布于2007年,此后2013年、2016年、2017年又分别进行了三次修订,对于加强水文管理、规范水文工作具有重要意义,使《水法》和《防洪法》有了较强操作性。《水文条例》第32条、第37条规定,禁止在水文监测环境保护范围内修建建筑物、架设线路、建设影响水文监测的工程等,由有关部门采取责令停止、限期补正、拆除等措施。②

1.1.2.13《物业管理条例》

《物业管理条例》颁布于2003年,此后2007年、2016年、2018年又分别进行了三次修订,对于规范物业管理活动、改善生活和工作环境具有重要意义。《物业管理条例》第50条、第63条规定,业主、物业服务企业不得擅自占用产地,确需临时占用场地的,应经业主委员会和物业服务企业的同意。兴建违法建筑行为,由县级以上地方人民政府房地产行政主管部门责令限期改正、警告、罚款等。③

1.1.2.14《长江三峡工程建设移民条例》

长江三峡工程是世界水利史上移民最多的水利枢纽工程。为将三峡移民工程

---

①《建设工程质量管理条例》第58条规定:"违反本条例规定,建设单位有下列行为之一的,责令改正,处工程合同价款2%以上4%以下的罚款;造成损失的,依法承担赔偿责任;(一)未组织竣工验收,擅自交付使用的;(二)验收不合格,擅自交付使用的;(三)对不合格的建设工程按照合格工程验收的。"

②《水文条例》第32条规定:"禁止在水文监测环境保护范围内从事下列活动:(一)种植高秆作物、堆放物料、修建建筑物、停靠船只;(二)取土、挖砂、采石、淘金、爆破和倾倒废弃物;(三)在监测断面取水、排污或者在过河设备、气象观测场、监测断面的上空架设线路;(四)其他对水文监测有影响的活动。"

《水文条例》第37条规定:"未经批准擅自设立水文测站或者未经同意擅自在国家基本水文测站上下游建设影响水文监测的工程的,责令停止违法行为,限期采取补救措施,补办有关手续;无法采取补救措施、逾期不补办或者补办未被批准的,责令限期拆除违法建筑物;逾期不拆除的,强行拆除,所需费用由违法单位或者个人承担。"

③《物业管理条例》第50条规定:"业主、物业服务企业不得擅自占用、挖掘物业管理区域内的道路、场地,损害业主的共同利益。因维修物业或者公共利益,业主确需临时占用、挖掘道路、场地的,应当征得业主委员会和物业服务企业的同意;物业服务企业确需临时占用、挖掘道路、场地的,应当征得业主委员会的同意。

业主、物业服务企业应当将临时占用、挖掘的道路、场地,在约定期限内恢复原状。"

《物业管理条例》第63条规定:"违反本条例的规定,有下列行为之一的,由县级以上地方人民政府房地产行政主管部门责令限期改正,给予警告,并按照本条第二款的规定处以罚款;所得收益,用于物业管理区域内物业共用部位、共用设施设备的维修、养护,剩余部分按照业主大会的决定使用:(一)擅自改变物业管理区域内按照规划建设的公共建筑和共用设施用途的;(二)擅自占用、挖掘物业管理区域内道路、场地,损害业主共同利益的;(三)擅自利用物业共用部位、共用设施设备进行经营的。个人有前款规定行为之一的,处1000元以上1万元以下的罚款;单位有前款规定行为之一的,处5万元以上20万元以下的罚款。"

纳入法制轨道,保障三峡移民的合法权益,2001年国务院颁布了《长江三峡工程建设移民条例》,此后于2011年进行了修订。《长江三峡工程建设移民条例》包括总则、移民安置、淹没区、安置区的管理、移民资金使用的管理和监督、扶持措施、罚则等内容,全面规定了地方政府和三峡移民的权利义务,对三峡工程建设发挥了重要作用。《长江三峡工程建设移民条例》第29条规定,不得在淹没线下修建违法建筑,明确1992年4月4日后建设的项目按照违章建筑处理。①

1.1.2.15《公路安全保护条例》

《公路安全保护条例》是对原《公路管理条例》的替代,颁布于2011年,对于加强公路保护、保障公路安全具有重要意义。《公路安全保护条例》第13条、第19条、第56条规定,禁止在公路建筑控制区内修建建筑物,不得遮挡公路标志。修建危及公路桥梁安全的设施,由公路管理机构责令限期拆除、罚款等。②

1.1.2.16《历史文化名城名镇名村保护条例》

《历史文化名城名镇名村保护条例》颁布于2008年,此后于2017年进行了修订,包括总则、申报与批准、保护规划、保护措施、法律责任、附则等内容,在保护中华民族优秀历史文化遗产案件中运用较多。《历史文化名城名镇名村保护条例》在第24条、第25条、第28条、第39条、第41条、第43条中规定,禁止修建易燃性、腐蚀性物品等的工厂,在保护范围内不得新建扩建建筑物等。违反本法规定的,由市、

①《长江三峡工程建设移民条例》第29条规定:“有关地方人民政府应当加强对三峡工程淹没区基本建设的管理。任何单位和个人不得在淹没线以下擅自新建、扩建和改建项目。违反《国务院办公厅关于严格控制三峡工程坝区和库区淹没线以下区域人口增长和基本建设的通知》的规定,在1992年4月4日后建设的项目,按照违章建筑处理。”

②《公路安全保护条例》第13条规定:“在公路建筑控制区内,除公路保护需要外,禁止修建建筑物和地面构筑物;公路建筑控制区划定前已经合法修建的不得扩建,因公路建设或者保障公路运行安全等原因需要拆除的应当依法给予补偿。在公路建筑控制区外修建的建筑物、地面构筑物以及其他设施不得遮挡公路标志,不得妨碍安全视距。”

《公路安全保护条例》第19条规定:“禁止擅自在中型以上公路桥梁跨越的河道上下游各1000米范围内抽取地下水、架设浮桥以及修建其他危及公路桥梁安全的设施。”

《公路安全保护条例》第56条规定:“违反本条例的规定,有下列情形之一的,由公路管理机构责令限期拆除,可以处5万元以下的罚款。逾期不拆除的,由公路管理机构拆除,有关费用由违法行为人承担:(一)在公路建筑控制区内修建、扩建建筑物、地面构筑物或者未经许可埋设管道、电缆等设施的;(二)在公路建筑控制区外修建的建筑物、地面构筑物以及其他设施遮挡公路标志或者妨碍安全视距的。”

县人民政府城乡规划主管部门责令停止、限期恢复、没收违法所得、罚款、承担赔偿责任等。①

综合而言，行政法规中涉及防控和治理违法建筑的内容主要是表现类型、法律责任等。例如《村庄和集镇规划建设管理条例》规定了不得修建临时建筑物、构筑物和其他设施，《城市道路管理条例》规定了不得擅自在城市道路上建设建筑物、构筑物，《城市市容和环境卫生管理条例》规定了不得在街道两侧和公共场地搭建建筑

①《历史文化名城名镇名村保护条例》第24条规定："在历史文化名城、名镇、名村保护范围内禁止进行下列活动：(一)开山、采石、开矿等破坏传统格局和历史风貌的活动；(二)占用保护规划确定保留的园林绿地、河湖水系、道路等；(三)修建生产、储存爆炸性、易燃性、放射性、毒害性、腐蚀性物品的工厂、仓库等；(四)在历史建筑上刻划、涂污。"

《历史文化名城名镇名村保护条例》第25条规定："在历史文化名城、名镇、名村保护范围内进行下列活动，应当保护其传统格局、历史风貌和历史建筑；制订保护方案，并依照有关法律、法规的规定办理相关手续：(一)改变园林绿地、河湖水系等自然状态的活动；(二)在核心保护范围内进行影视摄制、举办大型群众性活动；(三)其他影响传统格局、历史风貌或者历史建筑的活动。"

《历史文化名城名镇名村保护条例》第28条规定："在历史文化街区、名镇、名村核心保护范围内，不得进行新建、扩建活动。但是，新建、扩建必要的基础设施和公共服务设施除外。在历史文化街区、名镇、名村核心保护范围内，新建、扩建必要的基础设施和公共服务设施的，城市、县人民政府城乡规划主管部门核发建设工程规划许可证、乡村建设规划许可证前，应当征求同级文物主管部门的意见。在历史文化街区、名镇、名村核心保护范围内，拆除历史建筑以外的建筑物、构筑物或者其他设施的，应当经城市、县人民政府城乡规划主管部门会同同级文物主管部门批准。"

《历史文化名城名镇名村保护条例》第39条规定："违反本条例规定，省、自治区、直辖市人民政府确定的保护主管部门或者城市、县人民政府城乡规划主管部门，未按照保护规划的要求或者未按照法定程序履行本条例第28条、第34条、第35条规定的审批职责的，由本级人民政府或者上级人民政府有关部门责令改正，通报批评；对直接负责的主管人员和其他直接责任人员，依法给予处分。"《历史文化名城名镇名村保护条例》第41条规定："违反本条例规定，在历史文化名城、名镇、名村保护范围内有下列行为之一的，由城市、县人民政府城乡规划主管部门责令停止违法行为、限期恢复原状或者采取其他补救措施；有违法所得的，没收违法所得；逾期不恢复原状或者不采取其他补救措施的，城乡规划主管部门可以指定有能力的单位代为恢复原状或者采取其他补救措施，所需费用由违法者承担；造成严重后果的，对单位并处50万元以上100万元以下的罚款，对个人并处5万元以上10万元以下的罚款；造成损失的，依法承担赔偿责任：(一)开山、采石、开矿等破坏传统格局和历史风貌的；(二)占用保护规划确定保留的园林绿地、河湖水系、道路等的；(三)修建生产、储存爆炸性、易燃性、放射性、毒害性、腐蚀性物品的工厂、仓库等的。"

《历史文化名城名镇名村保护条例》第43条规定："违反本条例规定，未经城乡规划主管部门会同同级文物主管部门批准，有下列行为之一的，由城市、县人民政府城乡规划主管部门责令停止违法行为、限期恢复原状或者采取其他补救措施；有违法所得的，没收违法所得；逾期不恢复原状或者不采取其他补救措施的，城乡规划主管部门可以指定有能力的单位代为恢复原状或者采取其他补救措施，所需费用由违法者承担；造成严重后果的，对单位并处5万元以上10万元以下的罚款，对个人并处1万元以上5万元以下的罚款；造成损失的，依法承担赔偿责任：(一)拆除历史建筑以外的建筑物、构筑物或者其他设施的；(二)对历史建筑进行外部修缮装饰、添加设施以及改变历史建筑的结构或者使用性质的。有关单位或者个人进行本条例第25条规定的活动，或者经批准进行本条第1款规定的活动，但是在活动过程中对传统格局、历史风貌或者历史建筑构成破坏性影响的，依照本条第1款规定予以处罚。"

物、构筑物或者其他设施等。但是各行政法规每项内容过多,且涉及城市道路、城市市容和环境卫生、物业管理、水文条例、文物保护、国有土地上房屋征收与补偿、公路安全保护、历史文化名城名镇名村保护等诸多领域,内容较为繁杂、不具有系统性。

1.1.3 部门规章中涉及防控和治理违法建筑的条款解读

通过在北大法宝中输入“违法建筑”进行检索,并排除与此不相关联的内容,发现与防控和治理违法建筑相关的部门规章大概有9部(见表3)。[①]

表3 部门规章之违法建筑规定

效力级别	名称	主要条文
部门规章	《商品房屋租赁管理办法》	第6条
	《自然资源执法监督规定》	第21、26条
	《建制镇规划建设管理办法》	第17、40、43条
	《住宅室内装饰装修管理办法》	第5、6、42条
	《城市黄线管理办法》	第13、14、17条
	《城市蓝线管理办法》	第10、11、14条
	《城市紫线管理办法》	第13、15、20条
	《城市地下空间开发利用管理规定》	第11、12、30条
	《城乡规划违法违纪行为处分办法》	全部

1.1.3.1《商品房屋租赁管理办法》

《商品房屋租赁管理办法》是对《城市房屋租赁管理办法》的替代,由中华人民共和国住房和城乡建设部2010年公布,对加强商品房房屋租赁管理、维护租赁双方合法权益具有重要意义。《商品房屋租赁管理办法》第6条明确规定违法建筑的房屋不得出租。[②]但现实生活中,在违建重灾区的城中村,大量的人员租住在“自建房”等违法建筑中。在租赁合同的处理司法实践中,一般原则为违法建筑租赁合同

① 最后检索时间为2023年7月31日。

②《商品房屋租赁管理办法》第6条规定:“有下列情形之一的房屋不得出租:(一)属于违法建筑的;(二)不符合安全、防灾等工程建设强制性标准的;(三)违反规定改变房屋使用性质的;(四)法律、法规规定禁止出租的其他情形。”

无效,但在一审法庭辩论前认定为合法建筑的有效。[①]能够区分处理的,合法建筑部分有效,违法建筑部分无效。无法区分处理的,整体无效。对于租金,人民法院一般应予支持。

1.1.3.2《自然资源执法监督规定》

《自然资源执法监督规定》由中华人民共和国自然资源部2017年公布,此后2020年又进行了修订,是对《土地监察暂行规定》的替代,细化了《土地管理法》《矿产资源法》等法律法规的规定,对于规范自然资源执法监督行为、切实保护自然资源具有重要意义。《自然资源执法监督规定》第21条、第26条规定,县级以上自然资源主管部门在作出限期拆除违法建筑重大行政处罚决定前,需要进行法制审核。没收后的违法建筑应当及时移交,人民法院不予受理的强制执行需要记明确记录等。[②]

1.1.3.3《建制镇规划建设管理办法》

《建制镇规划建设管理办法》由中华人民共和国住房和城乡建设部1995年公布,此后2011年又进行了修订,包括总则、规划管理、设计管理与施工管理、房地产管理、市政公用设施、环境卫生管理、罚则、附则等内容,细化了《城乡规划法》《城市房地产管理法》等法律法规的规定,对于加强建制镇规划建设管理具有重要意义。《建制镇规划建设管理办法》第17条、第40条、第43条规定,在建制镇规划区内兴

①《最高人民法院关于审理城镇房屋租赁合同纠纷案件具体应用法律若干问题的解释》第2条规定:"出租人就未取得建设工程规划许可证或者未按照建设工程规划许可证的规定建设的房屋,与承租人订立的租赁合同无效。但在一审法庭辩论终结前取得建设工程规划许可证或者经主管部门批准建设的,人民法院应当认定有效。"

②《自然资源执法监督规定》第21条规定:"县级以上自然资源主管部门实行重大行政执法决定法制审核制度。在作出重大行政处罚决定前,由该部门的法制工作机构对拟作出决定的合法性、适当性进行审核。未经法制审核或者审核未通过的,不得作出决定。重大行政处罚决定,包括没收违法采出的矿产品,没收违法所得,没收违法建筑物,限期拆除违法建筑物,吊销勘查许可证或者采矿许可证、地质灾害防治单位资质、测绘资质等。"

《自然资源执法监督规定》第26条规定:"有下列情形之一的,县级以上自然资源主管部门及其执法人员,应当采取相应处置措施,履行执法监督职责:(一)对于下达《责令停止违法行为通知书》后制止无效的,及时报告本级人民政府和上一级自然资源主管部门;(二)依法没收建筑物或者其他设施,没收后应当及时向有关部门移交;(三)发现违法线索需要追究刑事责任的,应当依法向有关部门移送违法犯罪线索;(四)依法申请人民法院强制执行,人民法院不予受理的,应当作出明确记录。"

建临时建筑需经过审批，禁止修建永久性建筑物。建制镇规划区内的违法建筑，分类型由县级人民政府建设行政主管部门采取责令停止建设或限期改正、限期拆除或者没收、罚款等措施。①

1.1.3.4《住宅室内装饰装修管理办法》

《住宅室内装饰装修管理办法》由中华人民共和国住房和城乡建设部2002年公布，此后2011年又进行了修订，包括总则、一般规定、开工申报与监督、委托与承接、室内环境质量、竣工验收与保修、法律责任、附则等内容，对于加强住宅室内装饰装修管理、维护公共安全和公众利益具有重要意义。《住宅室内装饰装修管理办法》第5条、第6条、第42条规定，禁止住宅室内装饰装修活动的范围，装修人未经批准不得搭建建筑物。如违反本办法规定，由房地产行政主管部门采取警告、罚款等措施。②

---

①《建制镇规划建设管理办法》第17条规定："在建制镇规划区内建临时建筑，必须经建制镇建设行政主管部门批准。临时建筑必须在批准的使用期限内拆除。如国家或集体需要用地，必须在规定期限内拆除。禁止在批准临时使用的土地上建设永久性建筑物、构筑物和其它设施。"

《建制镇规划建设管理办法》第40条规定："在建制镇规划区内，未取得建设工程规划许可证件或者违反建设工程规划许可证的规定进行建设，严重影响建制镇规划的，由县级人民政府建设行政主管部门责令停止建设，限期拆除或者没收违法建筑物、构筑物及其它设施；虽影响建制镇规划，但尚可采取改正措施的，由县级人民政府建设行政主管部门责令限期改正，可以并处罚款。"

《建制镇规划建设管理办法》第43条规定："擅自在建制镇规划区内修建临时建筑物、构筑物和其它设施的，或者在批准临时使用的土地上建设永久性建筑物、构筑物或其它设施的，由建制镇人民政府建设行政主管部门责令限期拆除，可以并处罚款。"

②《住宅室内装饰装修管理办法》第5条规定："住宅室内装饰装修活动，禁止下列行为：(一)未经原设计单位或者具有相应资质等级的设计单位提出设计方案，变动建筑主体和承重结构；(二)将没有防水要求的房间或者阳台改为卫生间、厨房间；(三)扩大承重墙上原有的门窗尺寸，拆除连接阳台的砖、混凝土墙体；(四)损坏房屋原有节能设施，降低节能效果；(五)其他影响建筑结构和使用安全的行为。本办法所称建筑主体，是指建筑实体的结构构造，包括屋盖、楼盖、梁、柱、支撑、墙体、连接接点和基础等。本办法所称承重结构，是指直接将本身自重与各种外加作用力系统地传递给基础地基的主要结构构件和其连接接点，包括承重墙体、立杆、柱、框架柱、支墩、楼板、梁、屋架、悬索等。"

《住宅室内装饰装修管理办法》第6条规定："装修人从事住宅室内装饰装修活动，未经批准，不得有下列行为：(一)搭建建筑物、构筑物；(二)改变住宅外立面，在非承重外墙上开门、窗；(三)拆改供暖管道和设施；(四)拆改燃气管道和设施。本条所列第(一)项、第(二)项行为，应当经城市规划行政主管部门批准；第(三)项行为，应当经供暖管理单位批准；第(四)项行为应当经燃气管理单位批准。"

《住宅室内装饰装修管理办法》第42条规定："物业管理单位发现装修人或者装饰装修企业有违反本办法规定的行为不及时向有关部门报告的，由房地产行政主管部门给予警告，可处装饰装修管理服务协议约定的装饰装修管理服务费2至3倍的罚款。"

1.1.3.5《城市黄线管理办法》

《城市黄线管理办法》由中华人民共和国住房和城乡建设部2005年公布，此后2011年又进行了修订，对于加强城市基础设施用地管理、保证城市健康发展具有重要意义。《城市黄线管理办法》第13条、第14条、第17条规定，在城市黄线范围内禁止违反城市规划要求进行建筑物建设，进行建设需向城乡规划主管部门办理许可。违反规定的，按照《城乡规划法》等法律法规处罚。①

1.1.3.6《城市蓝线管理办法》

《城市蓝线管理办法》由中华人民共和国住房和城乡建设部2005年公布，此后2011年又进行了修正，对于加强城市水系保护与管理、促进城市可持续发展具有重要意义。《城市蓝线管理办法》第10条、第11条、第14条规定，在城市蓝线范围内禁止违反保护和控制要求的建设活动，进行建设需向城乡规划主管部门办理许可。违反规定的，按照《城乡规划法》等法律法规处罚。②

1.1.3.7《城市紫线管理办法》

《城市紫线管理办法》由中华人民共和国住房和城乡建设部2005年公布，

①《城市黄线管理办法》第13条规定："在城市黄线范围内禁止进行下列活动：(一)违反城市规划要求，进行建筑物、构筑物及其他设施的建设；(二)违反国家有关技术标准和规范进行建设；(三)未经批准，改装、迁移或拆毁原有城市基础设施；(四)其他损坏城市基础设施或影响城市基础设施安全和正常运转的行为。"

《城市黄线管理办法》第14条规定："在城市黄线内进行建设，应当符合经批准的城市规划。在城市黄线内新建、改建、扩建各类建筑物、构筑物、道路、管线和其他工程设施，应当依法向建设主管部门(城乡规划主管部门)申请办理城市规划许可，并依据有关法律、法规办理相关手续。迁移、拆除城市黄线内城市基础设施的，应当依据有关法律、法规办理相关手续。"

《城市黄线管理办法》第17条规定："违反本办法规定，有下列行为之一的，依据《中华人民共和国城乡规划法》等法律、法规予以处罚：(一)未经直辖市、市、县人民政府建设主管部门(城乡规划主管部门)批准在城市黄线范围内进行建设活动的；(二)擅自改变城市黄线内土地用途的；(三)未按规划许可的要求进行建设的。"

②《城市蓝线管理办法》第10条规定："在城市蓝线内禁止进行下列活动：(一)违反城市蓝线保护和控制要求的建设活动；(二)擅自填埋、占用城市蓝线内水域；(三)影响水系安全的爆破、采石、取土；(四)擅自建设各类排污设施；(五)其他对城市水系保护构成破坏的活动。"

《城市蓝线管理办法》第11条规定："在城市蓝线内进行各项建设，应当符合经批准的城市规划。在城市蓝线内新建、改建、扩建各类建筑物、构筑物、道路、管线和其他工程设施，应当依法向建设主管部门(城乡规划主管部门)申请办理城市规划许可，并依照有关法律、法规办理相关手续。"

《城市蓝线管理办法》第14条规定："违反本办法规定，在城市蓝线范围内进行各类建设活动的，按照《中华人民共和国城乡规划法》等有关法律、法规的规定处罚。"

此后2011年又进行了修正，对于加强城市历史文化街区和历史建筑保护具有重要意义。《城市紫线管理办法》第13条、第15条、第20条规定，在城市紫线范围内禁止修建破坏历史风貌的建筑物或者大面积改建，新建或改建需办理相关手续。违反规定的，由市、县城乡规划部门按照《城乡规划法》等法律法规处罚。①

1.1.3.8 《城市地下空间开发利用管理规定》

《城市地下空间开发利用管理规定》由中华人民共和国住房和城乡建设部1997年公布，此后2001年、2011年又分别进行了两次修订，包括总则、城市地下空间的规划、工程建设、工程管理、罚则、附则等内容，对于加强城市地下空间开发利用管理、促进城市可持续发展建设具有重要意义。《城市地下空间开发利用管理规定》第11条、第12条、第30条规定，附着建设地下工程应随地面建筑一并申请许可，独立开发的地下工程应向城市规划主管部门申请许可。违反规定的，由县级以上人民政府城市规划行政主管部门依法处罚。②

①《城市紫线管理办法》第13条规定："在城市紫线范围内禁止进行下列活动：(一)违反保护规划的大面积拆除、开发；(二)对历史文化街区传统格局和风貌构成影响的大面积改建；(三)损坏或者拆毁保护规划确定保护的建筑物、构筑物和其他设施；(四)修建破坏历史文化街区传统风貌的建筑物、构筑物和其他设施；(五)占用或者破坏保护规划确定保留的园林绿地、河湖水系、道路和古树名木等；(六)其他对历史文化街区和历史建筑的保护构成破坏性影响的活动。"

《城市紫线管理办法》第15条规定："在城市紫线范围内进行新建或者改建各类建筑物、构筑物和其他设施，对规划确定保护的建筑物、构筑物和其他设施进行修缮和维修以及改变建筑物、构筑物的使用性质，应当依照相关法律、法规的规定，办理相关手续后方可进行。"

《城市紫线管理办法》第20条规定："违反本办法规定，未经市、县人民政府城乡规划行政主管部门批准，在城市紫线范围内进行建设活动的，由市、县人民政府城乡规划行政主管部门按照《中华人民共和国城乡规划法》等法律、法规的规定处罚。"

②《城市地下空间开发利用管理规定》第11条规定："附着地面建筑进行地下工程建设，应随地面建筑一并向城市规划行政主管部门申请办理选址意见书、建设用地规划许可证、建设工程规划许可证。"

《城市地下空间开发利用管理规定》第12条规定："独立开发的地下交通、商业、仓储、能源、通讯、管线、人防工程等设施，应持有关批准文件、技术资料，依据《中华人民共和国城乡规划法》的有关规定，向城市规划行政主管部门申请办理选址意见书、建设用地规划许可证、建设工程规划许可证。"

《城市地下空间开发利用管理规定》第30条规定："进行城市地下空间的开发建设，违反城市地下空间的规划及法定实施管理程序规定的，由县级以上人民政府城市规划行政主管部门依法处罚。"

1.1.3.9《城乡规划违法违纪行为处分办法》

该部门规章主要是为了加强城乡规划管理，对城乡规划违法违纪行为展开处分的一系列规定。针对城乡规划违法违纪的行为，分别从第3条到第16条规定了不同处分的情形，涵盖未合法编制城乡规划、擅自修改规划、违法建筑不予以查处、未经批准进行临时建设、破坏历史风貌的违法建筑等内容，内容翔实，可操作性强。该规章强调建立案件移送制度，由任免机关或者监察机关给予领导人员、直接责任人员、个人给予处分。

综合而言，相较于法律、行政法规，部门规章关于违法建筑的规定较少，只体现在《商品房屋租赁管理办法》《自然资源执法监督规定》《建制镇规划建设管理办法》《住宅室内装饰装修管理办法(2011年修正)》《城市黄线管理办法》《城市蓝线管理办法》《城市紫线管理办法》《城市地下空间开发利用管理规定》《城乡规划违法违纪行为处分办法》等9部部门规章之中。内容涉及违法建筑的租赁、执法监督、城镇规划建设、房屋装修、黄线、蓝线、城市地下空间开发利用、违法违纪行为等诸多领域，主要规定了法律责任，内容也较为零散，不具有系统性。

1.2 省外之立法立规：地方性法规、地方政府规章

1.2.1 分散立规：以城乡规划条例为例

针对违法建筑的分散立规，主要体现在各省市和设区的市制定的《××城乡规划条例》《××市容和环境卫生管理条例》等地方性法规、规章之中，涉及范围较广、内容较多。由于违法建筑立法立规多依据《城乡规划法》，且《××城乡规划条例》规定的相关措施较为具体明确、针对性强，所以本研究只选取了各省市和设区的市的城乡规划立法立规，并展开分析，具体见表4。[①]

①此数据来源于在北大法宝中输入“城乡规划条例”得出的结果，最后检索时间为2023年7月31日。

表4 城乡规划立法立规一览表

效力级别	内容	名称	数量
省级地方性法规	有关城乡规划的内容	《北京市城乡规划条例(2021年修正)》《甘肃省城乡规划条例(2021年修订)》《重庆市城乡规划条例(2019年修正)》《天津市城乡规划条例(2019年修正)》《江苏省城乡规划条例(2019年修正)》《内蒙古自治区城乡规划条例(2019年修正)》《上海市城乡规划条例(2018年第二次修正)》《山东省城乡规划条例(2018年修正)》《黑龙江省城乡规划条例(2018年修正)》《海南省城乡规划条例(2018年修正)》《贵州省城乡规划条例(2017年修正)》《河北省城乡规划条例(2016年修订)》《湖北省城乡规划条例(2015年修正)》《广东省城乡规划条例》(2012年)《云南省城乡规划条例》(2012年)《西藏自治区城乡规划条例》(2012年)《浙江省城乡规划条例(2011年修正)》《吉林省城乡规划条例》(2011年)《四川省城乡规划条例》(2011年)《安徽省城乡规划条例》(2010年)《陕西省城乡规划条例》(2009年)等	21部
省级地方政府规章	有关城乡规划的内容	《四川省城乡规划督察办法》(2016年)《四川省城乡规划违法违纪行为行政处分规定》(2009年)	2部
设区的市地方性法规	有关城乡规划的内容	《乌鲁木齐市城乡规划管理条例(2023年修改)》《丹东市城乡规划条例(2022年修正)》《齐齐哈尔市城乡规划条例(2022年修正)》《兰州市城乡规划条例(2021年修正)》《银川市城乡规划条例(2021年修正)》《盐城市城乡规划条例(2021年修正)》《许昌市城乡规划条例(2021年修正)》《漯河市城乡规划条例(2021年修正)》《西安市城乡规划条例(2021年修正)》《广州市城乡规划条例(2020年修正)》《苏州市城乡规划条例(2020年修正)》《克拉玛依市城乡规划条例(2020年修正)》《拉萨市城乡规划条例(2019年修正)》《伊春市城乡规划条例》(2020年)《桂林市城乡规划管理条例》(2020年)《南京市城乡规划条例(2019年修正)》《武汉市城乡规划条例(2019年修正)》《毕节市城乡规划条例》(2019年)《哈尔滨市城乡规划条例(2018年修正)》《日喀则市城乡规划条例》(2018年)《菏泽市城乡规划条例》(2018年)等	65部
设区的市地方政府规章	有关城乡规划的内容	《贵阳市城乡规划监察管理规定(2021年修改)》《广州市城乡规划程序规定(2019年修订)》《广州市城乡规划技术规定(2019年修订)》《平顶山市城乡规划建设管理条例实施细则》(2019年)《柳州市城乡规划管理技术规定》(2019年)《宁波市城乡规划实施规定(2018年修正)》《宿州市城乡规划管理办法》(2017年)《昆明市城乡规划管理技术规定(2016年版)》《宁波市城乡规划编制与审批办法(2016年)》	9部

通过表4,可以看出我国23个省、5个自治区、4个直辖市中有21个省、自治区、直辖市出台了省级地方性法规,制定了关于城乡规划的条例,占到62.6%。省级地方政府制定规章的情况较少,只有四川省出台的《四川省城乡规划督察办法》《四川省城乡规划违法违纪行为行政处分规定》。综合而言,省级地方政府制定规章的情况较少,地方性法规没有实现各省市、自治区全面覆盖。下一步,省、自治区、直辖市应当积极的出台地方性法规,争取实现城乡规划条例的全面制定落实,以使违法建筑查处有地方性法规可以遵循。针对城乡规划的一些具体内容,省级地方政府可以出台规章,对城乡规划的内容进行细化。

就设区的市立法立规而言,65个设区的市制定了地方性法规,规定和细化了城乡规划的诸多内容。9个设区的市制定了地方政府规章,规定了监察管理、技术规定、管理技术、编制与审批等诸多内容。截至2020年8月,中国共有289个设区的市,出台城乡规划法规、规章的只占到了1/4。下一步,设区的市应积极的制定符合本市实际情况的地方性法规,就城乡规划的细节制定地方政府规章。

1.2.2 专门立规:违法建筑或违法建设

1.2.2.1 省外违法建筑之地方性法规分析

就省外制定违法建筑地方性法规而言,根据效力级别可分为省级地方性法规与设区的市地方性法规,根据标题可分为违法建筑与违法建设。省级地方性法规立法内容更多强调违法建筑的处置,立法例通常表现为《违法建筑处置规定》《查处违法建筑若干规定》等。设区的市出台违法建设地方性法规18部,而违法建筑地方性法规只有2部。比较而言,设区的市地方性法规更多强调违法建设的治理、防控和查处、制止和处理等,对违法建筑的内容关注不多(见表5)。[①]

① 此数据来源于在北大法宝中输入"违法建筑或违法建设"得出的结果,最后检索时间为2023年7月31日。

表5 省外违法建筑之地方性法规表

效力级别	内容	名称	数量
省级地方性法规	有关违法建筑的内容	《云南省违法建筑处置规定(2021年修正)》《浙江省违法建筑处置规定(2020年修正)》《上海市拆除违法建筑若干规定(2018年修正)》《海南省查处违法建筑若干规定》(2012年)	4
	有关违法建设的内容	《福建省违法建设处置若干规定(2018年)》《四川省人民代表大会常务委员会关于制止和查处违法建设的决定》(2015年)	2
设区的市地方性法规	有关违法建筑的内容	《海口市防控和处置违法建筑若干规定(2015年)》《乌鲁木齐市查处违法建筑条例(2015年)》	2
	有关违法建设的内容	《贵阳市违法建设查处规定(2023年)》《吕梁市控制和查处违法建设条例(2023年)》《青岛市违法建设治理条例(2023年)》《贺州市违法建设防控和查处条例(2023年)》《锦州市违法建设治理规定(2021年)》《武汉市控制和查处违法建设条例(2021年)》《哈尔滨市违法建设防控和查处条例(2021年)》《遵义市违法建设治理条例(2021年)》《衡阳市违法建设防控与查处条例(2021年)》《内江市违法建设治理条例(2020年)》《河池市违法建设防控和查处条例(2020年)》《成都市违法建设治理条例(2020年)》《广州市违法建设查处条例(2020年修正)》《桂林市违法建设防控和查处条例(2020年)》《黄冈市违法建设治理条例(2018年)》《泸州市违法建设治理条例(2017年)》《南宁市违法建设查处条例(2014年)》《兰州市制止和处理违法建设办法(2012年修正)》	18

1.2.2.2 省外违法建筑之地方政府规章分析

就省外制定违法建筑的地方政府规章而言,根据效力级别可分为省级地方政府规章与设区的市地方政府规章,根据标题可分为违法建筑与违法建设(见表6)。[①]关于违法建筑和违法建设省级地方政府规章都只有1部:《重庆市查处违法建筑若干规定》(2014年)和《北京市禁止违法建设若干规定(2020年)》。关于违法

① 此数据来源于在北大法宝中输入"违法建筑或违法建设"得出的结果,最后检索时间为2023年7月31日。

建设与违法建筑的省级地方政府规章较少，未来需要加强和推进违法建筑或违法建设省级地方政府规章的制定工作。设区的市地方政府规章更多的与违法建设相关：15部，违法建筑地方政府规章只有4部。违法建设立规内容更多的是强调违法建设的治理、控制和查处、制止和处理、禁止等，违法建筑立规内容更多的是强调查处、处置等。其中较为特殊的是，《长春市制止违法建设、拆除违法建筑若干规定(2011年)》既有违法建设的内容，也有违法建筑的内容。《清远市在建违法建设查处办法(2020年)》对在建违法建设作了全面充分有效的规定。

表6 省外违法建筑之地方政府规章表

效力级别	内容	名称	数量
省级地方政府规章	有关违法建筑的内容	《重庆市查处违法建筑若干规定(2014年)》	1
	有关违法建设的内容	《北京市禁止违法建设若干规定(2020年)》	1
设区的市地方政府规章	有关违法建筑的内容	《濮阳市城区违法建筑处置办法(2021年)》《铜仁市违法建筑查处办法(2019年修订)》《昆明市违法建筑处置办法(2018年)》《楚雄彝族自治州违法建筑处置办法(2017年)》《苏州市拆除违法建筑实施办法(2001年)》	5
	有关违法建设的内容	《贵阳市制止和查处违法建设规定(2022年修改)》《连云港市违法建设控制和查处管理办法(2022年)》《鄂州市控制和查处违法建设办法(2022年)》《百色市违法建设查处办法(2021年)》《达州市违法建设治理办法(2020年)》《清远市在建违法建设查处办法(2020年)》《佛山市违法建设查处办法(2019年修正)》《常州市违法建设治理办法(2019年)》《宜昌市禁止违法建设管理办法(2018年)》《无锡市违法建设治理办法(2018年)》《资阳市违法建设治理办法(2018年)》《襄阳市防控和查处违法建设办法(2018年)》《肇庆市控制和查处违法建设办法(2016年)》《本溪市禁止居住区违法建设若干规定(试行)(2014年)》《武汉市控制和查处违法建设办法(2012年)》	15
	有关违法建筑、违法建设的内容	《长春市制止违法建设、拆除违法建筑若干规定(2011年)》	1

1.3 省内之立法立规:地方性法规、行政规范性文件

山东省内防控和治理违法建筑的立法主要是地方性法规和行政规范性文件,具体表现为城乡规划条例、违法建设治理条例、查控违法建设办法等。

1.3.1 分散立规:以城乡规划条例为例

就山东省城乡规划条例的制定情况而言,16个地级市中只有菏泽市、东营市、青岛市、滨州市、济南市、临沂市6个地级市制定了城乡规划的地方性法规,淄博市、枣庄市、烟台市、潍坊市、济宁市、泰安市、威海市、日照市、德州市、聊城市10个地级市都没有出台与城乡规划相关的地方性法规(见表7)。虽然各个地级市出台了《淄博市水资源保护管理条例》《枣庄市环城绿道管理条例》《烟台市海洋生态环境保护条例》《潍坊市海洋牧场管理条例》《济宁市城镇容貌和环境卫生管理条例》《泰安市户外广告设施和招牌设置管理条例》《威海市海岸带保护条例(2020年修正)》《日照市文物保护条例》《德州市城乡容貌和环境卫生管理条例》《聊城市水环境保护条例》等与城乡建设与管理、环境保护、历史文化保护等方面的事项,但在查处违法建筑的过程中,仍会面临无本市专门之法可用的窘境。

表7 山东省设区的市城乡规划立法表

效力级别	内容	数量
地方性法规	《菏泽市城乡规划条例(2018年)》《东营市城乡规划条例(2017年)》《青岛市城乡规划条例(2017年修正)》《滨州市城乡规划条例(2017年)》《济南市城乡规划条例(2017年修订)》《临沂市城乡规划条例(2016年)》	6

1.3.2 专门立规:地方性法规或行政规范性文件

就山东省违法建筑的专门立规情况而言,只有青岛市出台了《青岛市违法建设治理条例》地方性法规。其他设区的市如烟台市、临沂市、济南市、淄博市、东营市、菏泽市、济宁市、潍坊市、泰安市、威海市等10市出台了违法建设监管、查控、没收处置、联合惩戒等的11部行政规范性文件(见表8)。比较而言,《济南市违法用地上建筑物没收处置办法(征求意见稿)》《烟台市违法建设联合监管实施办法(试

行)》《济宁市城市规划区控制和查处违法建设办法》《威海市违法建设处置办法》针对违法建筑或违法建设的防控和治理更加具有可操作性和实践性。未来,山东省各地市应充分行使地方立法权,积极出台防控和治理违法建筑或违法建设的地方性法规或地方政府规章,这方面大有可为,也必须有所作为。

表8 山东省内违法建筑之立法立规

效力级别	内容	数量
地方性法规	《青岛市违法建设治理条例》	1
行政规范性文件	《烟台市违法建设联合监管实施办法(试行)》(市城市管理局、市自然资源和规划局、市住房和城乡建设局、市市场监管局等四部门联合制定) 《临沂市人民政府办公室关于加强全市违法建设查控工作的实施意见》(临政办字〔2021〕19号) 《济南市违法用地上建筑物没收处置办法(征求意见稿)》(市自然资源和规划局) 《济南市国有土地上房屋征收范围内未登记建筑认定和处理办法》 《淄博市人民政府办公室关于印发淄博市违法建设治理联合惩戒办法(试行)的通知》 《关于依法严厉查处住宅小区违法建设行为的通告》(东营市) 《菏泽市人民政府办公室关于进一步加强市中心城区违法建设治理工作的通知》(菏政办字〔2021〕42号) 《济宁市人民政府关于印发《济宁市城市规划区控制和查处违法建设办法》的通知》(济政发〔2021〕13号) 《潍坊市人民政府办公室关于加强规划监管严厉查处违法建设的通知》 《泰安市人民政府办公室关于印发泰安市违法建设处置指导意见的通知》(泰政办发〔2017〕4号) 《威海市违法建设处置办法》	11

第2章 设区的市立法立规之比较

2015年《立法法》修订赋予了设区的市地方立法权，此后全国设区的市逐步就城乡建设与管理、历史文化保护等方面大面积快速开展了防控和治理违法建筑的相关立法。相较于上位法而言，设区的市地方性法规、地方政府规章更加具体细致、具有针对性和可操作性。本书主要围绕带有"违法建筑"或"违法建设"的地方性法规、地方政府规章（大约有41部）展开分析论述。综合来看，设区的市防控和治理违法建筑立法立规，大多与本区域内违法建筑的实际治理情况相结合，突出违法建筑的实践特点，所以各地关于违法建筑执法主体、执法程序、概念界定、法律责任、处置措施等的规定有所不同。[①]

2.1 制定主体、制定时间、法规性质之比较

因《城乡规划法》第64条的规定较为简单、可操作性不强，设区的市人大及其常委会、设区的市人民政府纷纷通过制定地方性法规、地方政府规章细化上位法的规定，弥补上位法的不足。

2.1.1 制定主体、制定时间之比较

2.1.1.1 制定主体之比较

设区的市防控和治理违法建筑的主体主要有地方人大及其常委会、地方人民政府。其中省、直辖市制定地方性法规的主要有云南省、浙江省、上海市、湖南省、福建省、四川省等6个省、直辖市人大及其常委会。设区的市制定地方性法规的主要有海口市、乌鲁木齐市、贵阳市、吕梁市、青岛市、贺州市、锦州市、武汉市、哈尔滨市、遵义市、衡阳市、内江市、河池市、成都市、广州市、桂林市、黄冈市、泸州市、南宁

① 本文对设区的市立法立规之比较，部分参考陈维林：《"违法建设查处"地方立法比较研究》，载《人大研究》2018年第7期。

市、兰州市等20个市人大及其常委会。

省市制定地方政府规章的主要有重庆市、北京市等2个省、直辖市人大及其常委会。设区的市制定地方政府规章的主要有濮阳市、铜仁市、昆明市、楚雄彝族自治州、长春市、苏州市、贵阳市、连云港市、鄂州市、百色市、达州市、清远市、佛山市、常州市、宜昌市、无锡市、资阳市、襄阳市、肇庆市、本溪市、武汉市等21个市人民政府。

从制定主体的数量来看，地方人大及其常委会共制定26部地方性法规，其中省级地方性法规6部，设区的市地方性法规20部。地方人民政府共制定23部地方政府规章，其中省级地方政府规章2部，设区的市地方政府规章21部（见表5和表6）。两者数量相差不大，均属于防控和治理违法建筑的重要立法形式。

2.1.1.2 制定时间之比较

除《苏州市拆除违法建筑实施办法》（2001年1月9日发布，2001年1月9日起实施）之外，其他设区的市立法立规主要集中在2011年之后。特别是2020年至今，相继有濮阳市、清远市、达州市、贵阳市、百色市、鄂州市、连云港市等7个设区的市制定了地方政府规章，桂林市、广州市、成都市、河池市、内江市、衡阳市、遵义市、哈尔滨市、武汉市、锦州市、贺州市、青岛市、吕梁市、贵阳市等14个设区的市制定了地方性法规（见表9），凸显了设区的市对防控和治理违法建筑立法的愈加重视。

表9 制定时间表

年份	设区的市	数量
2001	苏州市	1
2011	长春市	1
2012	兰州市、武汉市	2
2014	南宁市、本溪市	2
2015	海口市、乌鲁木齐市	2
2016	肇庆市	1
2017	泸州市、楚雄彝族自治州、	2
2018	黄冈市、昆明市、宜昌市、无锡市、资阳市、襄阳市	6

续表：

年份	设区的市	数量
2019	铜仁市、佛山市、常州市	3
2020	内江市、河池市、成都市、广州市、桂林市、达州市、清远市	7
2021	锦州市、武汉市、哈尔滨市、遵义市、衡阳市、百色市、濮阳市	7
2022	鄂州市、贵阳市、连云港市	3
2023	贵阳市、吕梁市、青岛市、贺州市	4

2.1.2 法规性质之比较

2.1.2.1 立法性质之比较

设区的市防控和治理违法建筑的立法主要是地方政府规章、地方性法规。地方政府规章如:《铜仁市违法建筑查处办法(2019年修订)》《昆明市违法建筑处置办法(2018年)》《楚雄彝族自治州违法建筑处置办法(2017年)》《苏州市拆除违法建筑实施办法(2001年)》《长春市制止违法建设、拆除违法建筑若干规定(2011年)》等。地方性法规如:《青岛市违法建设治理条例(2023年)》《锦州市违法建设治理规定(2021年)》《武汉市控制和查处违法建设条例(2021年)》《哈尔滨市违法建设防控和查处条例(2021年)》《遵义市违法建设治理条例(2021年)》《衡阳市违法建设防控与查处条例(2021年)》《内江市违法建设治理条例(2020年)》《河池市违法建设防控和查处条例(2020年)》《成都市违法建设治理条例(2020年)》等。根据上文的统计,设区的市制定地方政府规章的有21部,制定地方性法规的有20部(见表10)。

2.1.2.2 违法建筑抑或是违法建设之比较

设区的市立法主要围绕违法建筑或违法建设来展开。就违法建筑的立法而言,有2部地方性法规,5部地方政府规章。就违法建设的立法而言,有18部地方性法规,15部地方政府规章。《长春市制止违法建设、拆除违法建筑若干规定(2011年)》作为地方政府规章,标题涵盖了违法建筑与违法建设两项内容。比较而言,设区的市关于防控和治理违法建设的立规较多(33部),关于防控和治理违法建筑的立规较少(7部),前者是后者的4倍之多(见表10)。

表10 法规性质表

内容	法规性质	标题内容	数量
有关违法建筑的内容	地方性法规	《海口市防控和处置违法建筑若干规定(2015年)》《乌鲁木齐市查处违法建筑条例(2015年)》	2
	地方政府规章	《濮阳市城区违法建筑处置办法(2021年)》《铜仁市违法建筑查处办法(2019年修订)》《昆明市违法建筑处置办法(2018年)》《楚雄彝族自治州违法建筑处置办法(2017年)》《苏州市拆除违法建筑实施办法(2001年)》	5
有关违法建设的内容	地方性法规	《贵阳市违法建设查处规定(2023年)》《吕梁市控制和查处违法建设条例(2023年)》《青岛市违法建设治理条例(2023年)》《贺州市违法建设防控和查处条例(2023年)》《锦州市违法建设治理规定(2021年)》《武汉市控制和查处违法建设条例(2021年)》《哈尔滨市违法建设防控和查处条例(2021年)》《遵义市违法建设治理条例(2021年)》《衡阳市违法建设防控与查处条例(2021年)》《内江市违法建设治理条例(2020年)》《河池市违法建设防控和查处条例(2020年)》《成都市违法建设治理条例(2020年)》《广州市违法建设查处条例(2020年修正)》《桂林市违法建设防控和查处条例(2020年)》《黄冈市违法建设治理条例(2018年)》《泸州市违法建设治理条例(2017年)》《南宁市违法建设查处条例(2014年)》《兰州市制止和处理违法建设办法(2012年修正)》	18
	地方政府规章	《贵阳市制止和查处违法建设规定(2022年修改)》《连云港市违法建设控制和查处管理办法(2022年)》《鄂州市控制和查处违法建设办法(2022年)》《百色市违法建设查处办法(2021年)》《达州市违法建设治理办法(2020年)》《清远市在建违法建设查处办法(2020年)》《佛山市违法建设查处办法(2019年修正)》《常州市违法建设治理办法(2019年)》《宜昌市禁止违法建设管理办法(2018年)》《无锡市违法建设治理办法(2018年)》《资阳市违法建设治理办法(2018年)》《襄阳市防控和查处违法建设办法(2018年)》《肇庆市控制和查处违法建设办法(2016年)》《本溪市禁止居住区违法建设若干规定(试行)(2014年)》《武汉市控制和查处违法建设办法(2012年)》	15
有关违法建筑、违法建设的内容	地方政府规章	《长春市制止违法建设、拆除违法建筑若干规定(2011年)》	1

通过比较:一是目前设区的市逐步推进防控和治理违法建筑的立规工作,立规数量逐渐增多,特别是2020年至今,先后有21个设区的市开展了违法建筑的地方立法工作。二是目前设区的市选择违法建设立规的数量较多,选择违法建筑的立规较少。设区的市多是采取违法建设治理、防控与查处等的立法体例。三是设区的市立规大多将违法建筑与违法建设两者等同对待,在立规方式、立规内容、法律责任等方面没有作出区分。设区的市究竟采取违法建筑、还是违法建设的立法名称,还是将两者等同对待,抑或是将两者合二为一,值得进一步分析。

2.2 适用范围、执法主体之比较

2.2.1 适用范围之比较

《城乡规划法》第2条[①]规定了在各自的规划区内从事建设活动。不同设区的市级规划区与行政管辖区域可能有所不同,地方政府规章、地方性法规的适用范围也会规定不一(见表11)。

首先,与《城乡规划法》规定一致,为"本市城乡规划区内进行建设活动"。《桂林市违法建设防控和查处条例》第2条规定:"本市城乡规划区内违法建设的防控和查处适用本条例。"《遵义市违法建设治理条例》第2条规定:"本市城乡规划区内违法建设的预防、巡查、发现、制止、认定和查处等治理活动适用本条例。"

其次,适用范围为本市的行政区域内。一是本市行政区域内,违法建设的防控、发现、制止和查处等活动。《常州市违法建设治理办法》第2条规定:"本市行政区域内违法建设的治理活动,适用本办法。"《昆明市违法建筑处置办法》第2条规定:"本市行政区域内对违法建筑的处置,适用本办法。"二是本市行政区域内违反城乡规划法律法规的违法建筑防控和处置。《海口市防控和处置违法建筑若干规定》第2条:"本市行政区域内防控和处置违反城乡规划法律、法规的违法建筑,适用本规定。"《哈尔滨市违法建设防控和查处条例》第2条规定:"本条例适用于本市行政区域内违反城乡规划管理法律、法规规定的违法建设的防控和查处。"三是本市行政区域内的城市规划区(包括市、区、近郊区和规划控制区)以及城镇的规划区。《兰州市制止和处理违法建设办法》第2条规定:"本办法适用于本市行政区域

①《城乡规划法》第2条规定:"制定和实施城乡规划,在规划区内进行建设活动,必须遵守本法。"

内的城市规划区(包括市、区、近郊区和规划控制区)以及城镇的规划区。"四是本市所辖城区范围内查处违法建筑。《苏州市拆除违法建筑实施办法》第2条规定:"在苏州市市区范围内,拆除妨碍公共安全、公共卫生、城市交通、市容环境的违法建筑和超过批准使用期限应当拆除的临时建筑(以下称违法建筑)适用本办法。"五是本市市区范围内国有土地上制止违法建设、拆除违法建筑的执法活动。《长春市制止违法建设、拆除违法建筑若干规定》第2条规定:"本市市区范围内国有土地上制止违法建设、拆除违法建筑的执法活动,适用本规定。"六是本市城市、镇规划区以及村庄规划区。《青岛市违法建设治理条例》第2条规定:"本市城市、镇规划区以及村庄规划区内违法建设的防控和查处等治理活动适用本条例。"

最后,特别限定的范围。《武汉市控制和查处违法建设办法(2012年修订)》第2条规定:"本办法适用于本市下列区域:(一)江岸、江汉、硚口、汉阳、武昌、青山、洪山区和武汉东湖新技术开发区、武汉经济技术开发区、市东湖生态旅游风景区、武汉化学工业区;(二)蔡甸、江夏、东西湖、汉南、黄陂、新洲区的建成区和都市发展区及经市人民政府批准的其他区域。"

通过比较:采取"本市行政区域内"立法体例的设区的市数量最多(30部),其中"本市行政区域内,违法建设的防控、发现、制止和查处等活动"立法形式的设区的市数量最多(25部),成为一种最为普遍的立法体例与形式。采用"城市规划区内"立法体例的设区的市数量为5项,数量较少。采用列举方式的最少,只有《武汉市控制和查处违法建设办法(2012年修订)》采取了这种立法形式。

表11 适用范围表

适用范围	地市	数量
市城市规划区国有土地上制止和查处居住区违法建设活动	本溪市	1
本市行政区域内,违法建设的防控、发现、制止和查处等活动	百色市、常州市、达州市、楚雄彝族自治州、成都市、鄂州市、佛山市、广州市、贵阳市(2022)、贵阳市(2023)、黄冈市、锦州市、昆明市、泸州市、内江市、铜仁市、乌鲁木齐市、无锡市、武汉市(条例)、襄阳市、宜昌市、肇庆市、资阳市、贺州市、连云港市	25

续表：

适用范围	地市	数量
本市城乡规划区内违法建设的防控和查处	桂林市、河池市、清远市、遵义市、濮阳市	5
本市行政区域内违反城乡规划法律法规的违法建筑防控和处置	哈尔滨市、海口市、衡阳市、吕梁市	4
本市行政区域内的城市规划区（包括市、区、近郊区和规划控制区）以及城镇的规划区	兰州市	1
本市城市、镇规划区以及村庄规划区	青岛市	1
本市所辖城区范围内查处违法建设	南宁市、苏州市	2
本市市区范围内国有土地上制止违法建筑、拆除违法建筑的执法活动	长春市	1
本市下列区域	武汉市（办法）	1

2.2.2 执法主体之比较

《城乡规划法》第11条[①]、第64条、第65条规定由规划主管部门、乡镇政府负责违法建筑的防控和治理。《中共中央、国务院关于深入推进城市执法体制改革改进城市管理工作的意见》（2015年12月24日）规定了城市管理执法部门城市管理违法建设治理的职责、设置综合管理部门、推进违法建设综合执法、下移执法重心等内容。《行政处罚法》第18条和第24条规定了相对集中行政处罚权、行政处罚权交由能够有效承接的乡镇人民政府、街道办事处行使的制度。[②]随着推进行政综合执法体制改革、行政处罚权的下放，各地防控和治理违法建筑的执法主体也变得不尽相同。根据对设区的市地方性法规和地方政府规章的分析，发现执法主体主要有（见表12）：

①《城乡规划法》第11条规定："国务院城乡规划主管部门负责全国的城乡规划管理工作。县级以上地方人民政府城乡规划主管部门负责本行政区域内的城乡规划管理工作。"

②《行政处罚法》第18条规定："国家在城市管理等领域推行建立综合行政执法制度，相对集中行政处罚权。"《行政处罚法》第24条规定："省、自治区、直辖市根据当地实际情况，可以决定将基层管理迫切需要的县级人民政府部门的行政处罚权交由能够有效承接的乡镇人民政府、街道办事处行使，并定期组织评估。决定应当公布。承接行政处罚权的乡镇人民政府、街道办事处应当加强执法能力建设，按照规定范围、依照法定程序实施行政处罚。有关地方人民政府及其部门应当加强组织协调、业务指导、执法监督，建立健全行政处罚协调配合机制，完善评议、考核制度。"

一是规定城乡规划主管部门、房产局、综合执法局、自然资源主管部门、住房和城乡建设主管部门、乡镇人民政府等多部门联合执法。《遵义市违法建设治理条例》第4条规定："县级以上人民政府城乡规划主管部门负责本辖区城乡规划区内违法建设治理工作的业务指导和规划许可的后续监管。县级以上人民政府综合行政执法部门负责城市、镇总体规划区内违法建设的立案查处，实施行政处罚和行政强制措施。住房城乡建设、生态环境、交通运输、应急管理、人民防空、河道管理、文物保护等部门按照各自职责做好违法建设治理工作。市新区管理机构、街道办事处分别在市和县级人民政府领导下，在其职权范围内组织开展管理区域内的违法建设治理工作。乡镇人民政府具体负责乡、村寨规划区内的违法建设治理工作。村(居)民委员会协助乡镇人民政府和街道办事处开展违法建设治理工作。"

二是规定城管和乡镇人民政府为执法主体。《内江市违法建设治理条例》第6条规定："市城市管理行政执法主管部门负责本市违法建设治理工作的指导、协调和重大违法建设案件的查处工作。县(市、区)城市管理行政执法主管部门负责本辖区城市规划区内违法建设的查处工作。镇人民政府负责镇、乡村规划区内违法建设的查处工作。"

三是规定城乡规划执法部门、城市综合行政执法部门、乡(镇)人民政府为执法主体。《南宁市违法建设查处条例》第5条规定："城市管理综合执法机关和规划等行政主管部门以及乡(镇)人民政府(以下统称查处机关)依照法律、法规和相对集中行政处罚权的有关规定负责违法建设的具体查处工作。"

四是规定城管和城乡规划主管部门为执法主体。如《肇庆市控制和查处违法建设办法》第5条规定："市城市管理和综合执法部门负责指导、协调和监督本市范围内违法建设的查处工作，并组织实施本办法。市和县(市、区)人民政府、肇庆高新区管委会的城市管理和综合执法部门(机构)按照政府(管委会)规定的职责分工负责辖区违法建设查处工作。城乡规划主管部门未将查处违法建设的行政执法职权划转城市管理和综合执法部门行使的区域，由城乡规划主管部门负责违法建设查处工作。上述负责查处违法建设工作的城市管理和综合执法部门(机构)、城乡规划主管部门,统称违建查处部门。”

五是规定城乡规划主管部门为执法主体。《兰州市制止和处理违法建设办法(2012年修正)》第3条规定:“市人民政府城市规划行政主管部门是制止和处理违法建设的主管机关。县(区)人民政府城市规划行政主管部门负责辖区内违法建设的检查、制止和处理,并接受城市规划行政主管部门的监督和指导。”

六是城管、街道办事处、乡镇为执法主体。《无锡市违法建设治理办法》第5条规定:“城市管理行政执法部门负责查处城市、镇规划区范围内的违法建设;镇人民政府、经授权的街道办事处负责查处村庄规划区内的违法建设。以上负责违法建设查处工作的行政机关,统称为查处机关;市(县)、区人民政府对违法建设查处机关另有规定的,从其规定。”

七是城乡规划部门、住房城乡建设行政管理部门、城管、乡镇人民政府、街道办事处为执法主体。《昆明市违法建筑处置办法》第7条规定:“规划行政管理部门、住房城乡建设行政管理部门和城管综合行政执法部门(以下统称违法建筑处置部门)按照职责分工,负责城镇违法建筑处置工作,并对乡村违法建筑处置工作进行指导和监督。乡(镇)人民政府、街道办事处按照工作职责开展乡村违法建筑处置工作。”

八是自然资源部门、城管、乡镇人民政府为执法主体。《衡阳市违法建设防控与查处条例》第4条规定:“乡(镇)人民政府负责本辖区内违法建设的防控工作,负责村庄规划区内农村村民住房违法建设的查处工作。”第5条规定:“市、县(市)、南岳区人民政府自然资源部门是本行政区域内违法建设防控与查处工作的行政主管部门,负责国有土地上和城市、县城、镇区、集镇集体土地上违法建设的防控与查处,负责乡、村庄规划区域内集体土地上乡镇企业、乡村公共设施和公益事业违法建设的防控与查处。根据《湖南省城市综合管理条例》的规定,经市、县(市、区)人民政府确定应当由综合行政执法部门执法的，从其规定。本条前两款所列负责违法建设查处工作的行政部门，统称为查处部门。”

九是城乡规划主管部门、建设行政主管部门、城管、乡镇人民政府为执法主体。《楚雄彝族自治州违法建筑处置办法》第5条规定：“县市城乡规划主管部门、住房城乡建设主管部门、城市管理综合行政执法机构（以下统称违法建筑处置部门）按照职责分工，负责处置城镇违法建筑。乡镇人民政府负责处置乡村违法建筑。”

十是城乡规划主管部门、乡镇人民政府为执法主体。《桂林市违法建设防控和查处条例》第4条规定：“市、县城乡规划主管部门负责组织实施本条例；乡（镇）人民政府负责乡、村庄规划区内违法建设的防控和查处工作。”

表12 执法主体表

执法主体	设区的市	数量
城乡规划主管部门、房产局、综合执法局、自然资源主管部门、住房和城乡建设主管部门、乡镇人民政府等多部门联合，领导、协助查处等	本溪市、宜昌市、遵义市、襄阳市、清远市、贵阳市（2022）	6
城管、乡镇人民政府	达州市、内江市、泸州市、黄冈市、海口市、广州市、佛山市、成都市、达州市、贵阳市（2023）、贺州市、濮阳市	12
城乡规划执法部门、城市综合行政执法部门、乡（镇）人民政府	资阳市、乌鲁木齐市、铜仁市、南宁市、锦州市、哈尔滨市	6
城管、城乡规划主管部门	肇庆市	1
城乡规划主管部门	长春市、苏州市、兰州市	3
城管、街道办事处、乡镇人民政府	武汉市、无锡市、鄂州市、常州市、青岛市、连云港市	6
规划部门、住房城乡建设行政管理部门、城管、乡镇人民政府、街道办事处	昆明市	1
自然资源部门、城管、乡镇人民政府	衡阳市	1
城乡规划主管部门、建设行政主管部门、城管、乡镇人民政府	河池市、楚雄彝族自治州	2
城乡规划主管部门、乡镇人民政府	桂林市、百色市、吕梁市	3

通过比较：一是设区的市城乡规划行政主管部门、城市管理综合执法机关、乡镇人民政府为执法主体的较多，不与上位法相抵触，符合法律法规的相关规定；二是设区的市住房城乡建设行政管理部门、自然资源部门等部门具有执法主体资格；三是设区的市乡、镇人民政府对于乡镇违法建筑的防控和治理具有行政主体资格；四是规定了街道办事处可以作为执法主体，从而与《行政处罚法》的修改相适应；五是设区的市水务、林业(园林)、农牧、公安消防等在防控和治理违法建筑中，更多的承担协助联合执行的责任；六是明确城管和乡镇人民政府执法主体地位的立法最多，多部门联合执法、城乡规划行政主管部门、城市管理综合执法机关、乡镇人民政府的也较多。现阶段确立街道办事处执法主体地位的只有1个昆明市，其他设区的市立法皆为协助执法。

2.3 立法原则、程序机制之比较

2.3.1 立法原则之比较

通过对设区的市防控和治理违法建筑立法进行分析，发现立法基本原则主要有：属地管理、控制源头、快速处置、协作配合、依法追责及违法建筑不受法律保护原则等，具体如表13。

表13 立法原则表

立法原则	设区的市
统一领导、属地为主、源头预防、协调联动和依法查处的原则	遵义市
统一领导、属地管理、及早控制、综合治理的原则	肇庆市
统一领导、属地管理、分级负责、协调联动、防控为主、综合治理的原则	宜昌市
统一领导、属地管理、防控为主、依法处置、综合治理的原则	襄阳市、海口市
政府领导、部门协作、属地管理、社会参与、依法高效的原则	武汉市(条例)
属地管理、分级负责、预防为主、源头控制、依法治理、快速处置的原则	无锡市
属地管理、控制源头、快速处置、协作配合、依法追责的原则	乌鲁木齐市
属地管理、分级负责、协调联动、综合治理、及时高效的原则	清远市
属地管理、源头防控、分类处置、综合治理的原则	内江市、成都市

续表：

立法原则	设区的市
属地管理、分级负责、协调联动、依法追责的原则	南宁市、佛山市
属地管理、分级负责、预防为主、依法治理的原则	泸州市
统一领导、属地管理、源头控制、协作配合、依法处置的原则	昆明市、濮阳市
属地管理、源头管控、分级负责、及时查处、部门联动的原则	黄冈市
统一领导、分级负责、防控为主、依法处置、严格追责、综合治理的原则	河池市
属地管理、谁主管谁负责、部门执法与群众参与相结合的原则，实行源头控制、全面查处、重点整治、协作配合的工作机制。	贵阳市（2022）
属地管理、协作联动、分类处置、综合治理的原则	鄂州市
属地管理、分级负责、预防为主、源头控制、协作配合、依法治理的原则	达州市
依法处置、源头控制、属地负责、综合治理的原则	常州市
罚执分离，属地管理，重心下移，五级联动的原则	资阳市
坚持源头防控、属地负责、部门协同、分类处置的原则	青岛市
属地管理、分级负责、协作联动、源头控制、综合治理的原则	连云港市

通过比较：一是对违法建筑的查处都强调属地管理、统一领导，几乎所有设区的市都涉及属地管理的内容；二是强调对违法建筑的防控和治理，几乎所有设区的市都确立了此项原则；三是突出违法建筑的协作配合、分级负责，例如遵义市、宜昌市等；四是加强对违法建筑的依法处置与严格追责，例如昆明市、河池市等。但具体原则还需进一步总结凝练、细化，凸显地方特色。

2.3.2 程序机制之比较（见表14）

一是催告、听取陈述和申辩、作出强制执行决定、送达等制度。《常州市违法建设治理办法》第16条规定："对已建的违法建设进行强制拆除的，按照下列程序执行：（一）当事人对责令限期拆除违法建设的决定逾期不履行的，城市管理行政执法部门及时作出履行决定催告书，催告履行期间不少于五日，催告书依法送达当事人；（二）经催告，当事人无正当理由逾期仍不拆除违法建设的，城市管理行政执法部门依法报经违法建设所在地县级以上人民政府批准后作出强制拆除决定，强制拆除决定书依法送达当事人;(三)批准强制拆除决定的人民政府应当责成城市管理行政执法部门或者镇人民政府(街道办事处)等其他机关(以下合称强制拆除实施机关)实施强制拆除;(四)强制拆除实施机关应当提前在违法建设现场公告强制拆除决定,告知违法建设内财物搬离期限、实施强制拆除的时间、相关依据、当事人的权利义务等。"

二是建立联合执法工作机制、违法建筑举报制度、日常巡查机制、公示机制、监管机制等。设区的市在防控和治理违法建筑的地方立法中都采用了上述制度。如《武汉市控制和查处违法建设办法(2012年修订)》第三章专门规定了巡查制度。

三是舆论监督制度。《成都市违法建设治理条例》第21条规定:"广播、电视、报刊、网络等媒体应当加强对违法建设防控和查处工作的舆论监督,积极做好宣传报道和典型违法建设案件的曝光工作,提高全社会遵守城乡规划管理相关法律法规的意识。"

四是技术手段和信息资源等制度。《达州市违法建设治理办法》第14条规定:"查处机关应当会同自然资源规划、住房城乡建设、市场监督管理、数字经济等部门建立违法建设治理信息共享平台和沟通机制,利用卫星遥感监测、无人机等技术手段和信息资源,实现信息互通和数据共享。"

五是记分管理制度。《达州市违法建设治理办法》第18条规定:"住房城乡建设部门对未取得建设工程规划许可证的建筑工程,不得核发施工许可证,依法无需取得建设工程规划许可证的建筑工程除外。住房城乡建设部门对物业服务人履行违法建设治理协助义务,实行记分管理。"

六是表彰奖励制度。《遵义市违法建设治理条例》第8条规定:"县级以上人民政府对违法建设治理工作中成绩显著的单位或者个人,按照国家和省的有关规定给予表彰和奖励。"

七是绩效考核制度。《长春市制止违法建设、拆除违法建筑若干规定》第24条规定:"区人民政府及街道办事处、乡(镇)人民政府在制止违法建设、拆除违法建筑工作中达到下列标准的,由市人民政府给予表彰和奖励,并作为当年绩效评优的重要条件:(一)所辖区域内无违法建设、建筑的;(二)拆除违法建筑率达到百分之百的;(三)接到群众举报及时制止违法建设、拆除违法建筑的。”

八是定期汇报制度。《苏州市拆除违法建筑实施办法》第6条规定:“市、区人民政府定期向同级人民代表大会常务委员会汇报强制拆除违法建筑的实施情况。”

表14 程序机制表

工作机制	设区的市
催告、听取陈述和申辩、作出强制执行决定、送达	全都有
高位协调和部门协同	全都有
违法建筑投诉举报制度	全都有
日常巡查制度	全都有
表彰和奖励制度	本溪市、遵义市、长春市、青岛市、贺州市、连云港市
绩效考核制度	本溪市、佛山市、广州市、长春市、连云港市
技术手段和信息资源	常州市、达州市、楚雄彝族自治州、成都市、桂林市、哈尔滨市、海口市、衡阳市、内江市、无锡市、贵阳市(2023)、青岛市、贺州市
记分管理	达州市、内江市
宣传、舆论监督制度	成都市、佛山市、广州市、哈尔滨市、遵义市、河池市、黄冈市、泸州市、内江市、铜仁市、无锡市、宜昌市、肇庆市、青岛市
公示制度	全都有
监管制度	全都有
定期汇报制度	苏州市

通过比较:一是设区的市按照《城乡规划法》《行政强制法》等法律法规的规定,都建立了催告、听取陈述和申辩、作出强制执行决定、送达、部门协同、投诉举报、公示、监管等制度。二是各设区的市相继建立了一些特殊的制度形式。例如记分管理制度、表彰奖励制度、舆论监督制度、定期汇报制度等。这些制度一方面能够凸显地方立法特色,另一方面能够调动地方防控和治理违法建筑的积极性、发挥地方防控和治理违法建筑的主动性。但这些制度是否符合各个设区的市普遍情况,值得考虑。

2.4 认定标准、表现类型之比较

《城乡规划法》第64条将违法建筑分为三种情况。[①]设区的市立法如何进一步认定违法建筑,违法建筑的情形如何,既是理论问题又是实践问题(见表15)。

表15 认定标准、表现类型表

立法名称	立法内容
《资阳市违法建设治理办法》	第3条规定:"本办法所称的违法建设,是指下列违反城乡规划法律、法规规定而建造的建筑物、构筑物、道路、管线和其他工程建设:(一)未取得建设工程规划许可证或者未按照建设工程规划许可证的规定进行建设的;(二)未取得乡村建设规划许可证或者未按照乡村建设规划许可证的规定进行建设的;(三)未经批准进行临时建设或者未按照批准内容进行临时建设的;(四)临时建(构)筑物超过批准期限不拆除的;(五)其他违反城乡规划管理规定的。 违法建筑物、构筑物违反城乡规划的事实持续存在的,属于违法建设的继续状态。"
《本溪市禁止居住区违法建设若干规定(试行)》	第2条规定:"本规定所称居住区违法建设,是指在已建成并投入使用的住宅区内,擅自进行新建、翻建、改建、扩建建筑物和构筑物及其他设施等。"
《常州市违法建设治理办法》	第2条规定:"本办法所称违法建设,是指违反城乡规划法律法规,未依法取得建设工程规划许可证、乡村建设规划许可证或者未按照建设工程规划许可证、乡村建设规划许可证的规定所进行的建设及产生的建(构)筑物和设施。 违法建设行为及产生的建(构)筑物和设施持续存在的,属于违法建设的继续状态。"
《成都市违法建设治理条例》	第3条规定:"本条例所称违法建设,是指违反城乡规划法律法规的规定,在城乡规划区内进行的建筑物、构筑物、城市道路、管线和其他工程建设,包括下列情形: (一)未取得建设工程规划许可手续或者未按照建设工程规划许可手续的规定进行建设的; (二)未取得乡村建设规划许可手续或者未按照乡村建设规划许可手续的规定进行建设的; (三)未经批准进行临时建设或者未按照批准内容进行临时建设的,或者临时建筑物、构筑物超过批准期限不拆除的; (四)其他违反城乡规划法律法规规定的。"

① 三种情况分为:即未取得建设工程规划许可证或者未按照建设工程规划许可证的规定进行建设的;尚可采取改正措施消除对规划实施影响的;无法采取改正措施消除影响的。

续表：

立法名称	立法内容
《楚雄彝族自治州违法建筑处置办法》	第2条规定："本办法所称的违法建筑是指违反城乡规划管理法律、法规的建筑物、构筑物，包括县市人民政府所在地建制镇规划区内的违法建筑(以下简称城镇违法建筑)和其他乡镇、村庄规划区内的违法建筑(以下简称乡村违法建筑)。"
《达州市违法建设治理办法》	第3条规定："本办法所称违法建设，是指违反城乡规划管理法律法规规定的下列情形： (一)未取得建设工程规划许可证或者未按照建设工程规划许可的内容进行建设的； (二)未取得乡村建设规划许可证或者未按照乡村建设规划许可的内容进行建设的； (三)未经批准进行临时建设或者未按照批准内容进行临时建设的； (四)临时建(构)筑物超过批准期限不拆除的； (五)法律法规规定的其他情形。 违法建设违反城乡规划的事实持续存在的，属于违法建设的继续状态。 土地、交通运输、文物保护、园林绿化、人民防空、消防、水务等有关法律、法规对违法建设治理另有规定的，从其规定。"
《鄂州市控制和查处违法建设办法》	第3条规定："本办法所称违法建设，是指下列情形： (一)未取得建设工程规划许可证或者未按照建设工程规划许可证规定进行建设的工程； (二)未经批准进行的临时建设或者未按照批准内容进行的临时建设，以及临时建筑物、构筑物超过批准期限仍不拆除的； (三)乡、村庄规划区内未依法取得乡村建设规划许可证或者未按照乡村建设规划许可证的规定进行的建设； (四)其他违反城乡规划法律、法规规定的情形。 建筑物、构筑物违反城乡规划的事实持续存在的，属于违法建设的继续状态。"
《佛山市违法建设查处办法(2019年修正)》	第3条规定："本办法所称违法建设，是指违反城乡规划管理有关法律、法规规定的下列情形： (一)未取得建设工程规划许可证或者未按照建设工程规划许可证的规定进行建设的； (二)未取得乡村建设规划许可证或者未按照乡村建设规划许可证的规定进行建设的； (三)已取得建设工程规划许可证或者乡村建设规划许可证，在开工前未经验线或者验线不合格擅自开工建设的； (四)未经批准进行临时建设或者未按照批准内容进行临时建设的； (五)临时建筑物、构筑物超过批准期限不拆除的。 水利、交通运输、土地管理、文物保护、园林绿化等有关法律法规另有规定的，从其规定。"

续表:

立法名称	立法内容
《广州市违法建设查处条例(2020年修正)》	第2条规定:“本条例所称违法建设,是指违反城乡规划管理有关法律、法规规定的下列情形: (一)未取得建设工程规划许可证或者未按照建设工程规划许可证的规定进行建设的; (二)未取得乡村建设规划许可证或者未按照乡村建设规划许可证的规定进行建设的; (三)未经批准进行临时建设或者未按照批准内容进行临时建设的; (四)临时建筑物、构筑物超过批准期限不拆除的。 违法建筑物、构筑物违反城乡规划的事实持续存在的,属于违法建设的继续状态。 本条例施行前已建成的建筑物、构筑物,是否属于违法建设,依照建设当时施行的法律、法规的规定予以认定。”
《贵阳市制止和查处违法建设规定(2022年修改)》	第4条规定:“有下列情形之一的建筑物、构筑物和其他设施,属违法建设: (一)未依法取得建设工程规划许可证或者未按照建设工程规划许可证的规定进行建设的; (二)未依法取得乡村建设规划许可证或者未按照乡村建设规划许可证的规定进行建设的; (三)未经依法批准擅自进行临时建设或者未按照批准内容进行临时建设,或者临时建筑物、构筑物超过批准期限未拆除的; (四)在城市规划区范围内的建设工程未依法办理建筑施工许可证擅自施工的; (五)未经依法批准或者采取欺骗手段骗取批准占用土地进行建设的; (六)未经依法批准擅自占用林地、绿地进行建设或者违反有关饮用水源管理规定进行建设的; (七)不符合城市市容和环境卫生管理规定或者城市容貌标准的; (八)未经依法批准擅自占用城市道路进行建设的; (九)公路两侧建筑控制区范围内违法进行建设,或者在公路建筑控制区内已存在的建筑物、地面构筑物原地改建、扩建、重建的; (十)法律、法规规定的其他禁止或者未经批准擅自进行的违法建设。”

续表：

立法名称	立法内容
《桂林市违法建设防控和查处条例》	第3条规定："本条例所称违法建设，是指违反国土空间规划或者城乡规划管理有关法律法规规定的下列情形： （一）未取得建设工程规划许可证或者未按照建设工程规划许可证的规定进行建设的； （二）未取得乡村建设规划许可证或者未按照乡村建设规划许可证的规定进行建设的； （三）未经批准进行临时建设或者未按照批准内容进行临时建设的； （四）临时建筑物、构筑物超过批准期限不拆除的。 违法建筑物、构筑物持续存在的，属于违法建设。 依照建设规划管理规定无需领取相关许可证的不属于违法建设。"
《哈尔滨市违法建设防控和查处条例》	第3条规定："本条例所称违法建设，是指违反城乡规划管理法律、法规规定的建设行为及形成的建筑物、构筑物。具体包括下列情形： （一）未取得建设工程规划许可证或者未按照建设工程规划许可证的规定进行建设的； （二）未取得乡村建设规划许可证或者未按照乡村建设规划许可证的规定进行建设的； （三）未经批准进行临时建设、未按照批准内容进行临时建设，或者临时建设超过批准期限不拆除的。 本条例施行前已建成的建筑物、构筑物，是否属于违法建设，依照建设当时施行的法律、法规的规定予以认定和处理。"
《海口市防控和处置违法建筑若干规定》	第3条规定："本规定所称违法建筑，是指违反城乡规划管理未依法取得建设工程规划许可证、临时建设工程规划许可证和乡村建设规划许可证、临时乡村建设规划许可证，或者未按照规划许可内容建设的建筑物、构筑物及设施，包括城镇违法建筑和乡村违法建筑。 城镇违法建筑是指本市主城区、主城区以外的镇以及特定地区规划区内的违法建筑。乡村违法建筑是指本市主城区以外的村庄规划区内的违法建筑。 前款所称特定地区，是指国有农（林）场，依法确定的重点景区、沿海重点区域，经国家、省或者市人民政府批准设置的旅游度假区、开发区、产业园区、成片开发区域，以及省或者市人民政府确定的其他区域。"

续表：

立法名称	立法内容
《河池市违法建设防控和查处条例》	第3条规定："本条例所称违法建设，是指违反国土空间规划或者城乡规划管理有关法律法规规定的下列情形： （一）未取得建设工程规划许可证或者乡村建设规划许可证进行建设的； （二）未按照建设工程规划许可证或者乡村建设规划许可证的内容进行建设的； （三）未经批准或者未按照批准内容进行临时建设的； （四）临时建筑物、构筑物超过批准期限不拆除的； （五）其他违反国土空间规划或者城乡规划管理规定的。 违法建筑物、构筑物持续存在的，属于违法建设。 依照建设规划管理规定无需取得相关许可证的建筑物、构筑物不属于违法建设。"
《衡阳市违法建设防控与查处条例》	第3条规定："本条例所称违法建设，是指违反城乡规划法律法规进行建设的情形，包括： （一）未取得建设工程规划许可证或者未按照建设工程规划许可证规定进行建设的； （二）未取得乡村建设规划许可证或者未按照乡村建设规划许可证规定进行建设的； （三）未经批准进行临时建设或者未按照批准内容进行临时建设的； （四）临时建（构）筑物超过批准期限未拆除的； （五）其他违反城乡规划法律法规进行建设的。"
《黄冈市违法建设治理条例》	第3条规定："本条例所称违法建设，是指违反城乡规划有关法律法规规定的下列情形： （一）未取得建设工程规划许可证或者未按照建设工程规划许可证的规定进行建设的； （二）未取得乡村建设规划许可证或者未按照乡村建设规划许可证的规定进行建设的； （三）未经批准进行临时建设或者未按照批准内容进行临时建设的； （四）临时建（构）筑物超过批准期限不拆除的； （五）其他违反城乡规划管理规定的。 建（构）筑物违反城乡规划的事实持续存在的，属于违法建设的继续状态。"

续表：

立法名称	立法内容
《锦州市违法建设治理规定》	第1条规定："在我市行政区域内开展违法建设治理活动，应当遵守《中华人民共和国城乡规划法》等相关法律、法规和本规定。 本规定所称违法建设，是指违反城乡规划法律、法规规定的下列情形： （一）未取得建设工程规划许可证或者未按照建设工程规划许可证的规定进行建设的； （二）未取得乡村建设规划许可证或者未按照乡村建设规划许可证的规定进行建设的； （三）未经批准进行临时建设或者未按照批准内容进行临时建设的； （四）临时建（构）筑物超过批准期限未拆除的； （五）其他违反城乡规划法律、法规规定的情形。 违反土地、水利、交通运输、林业、消防、文物保护等法律、法规的规定进行建设的，依照相关法律、法规的规定查处。"
《昆明市违法建筑处置办法》	第2条规定："本办法所称的违法建筑是指违反城乡规划管理法律、法规的建（构）筑物，包括城镇违法建筑和乡村违法建筑。 违反土地管理、林业、交通运输、环境保护、安全生产、消防、水务、电力、燃气等法律、法规的建筑，由有关部门依照有关法律、法规的规定处置。 已建成的建筑是否属于违法建筑，根据建设时的法律、法规和城乡规划进行认定。" 第3条规定："具有下列情形之一的，应当认定为违法建筑： （一）城市、镇规划区内未取得建设工程规划许可或者未按照许可内容进行建设的； （二）乡、村庄规划区内未取得乡村建设规划许可或者未按照许可内容进行建设的； （三）临时建筑超过批准期限未拆除的； （四）在合法建筑上擅自新建、搭建的； （五）其他违反城乡规划法律、法规的。"
兰州市制止和处理违法建设办法（2012年修正）	第8条规定："本办法所指违法建设包括下列情形： （一）未取得《建设工程规划许可证》或《临时建设工程规划许可证》进行工程建设的； （二）未按《建设工程规划许可证》或《临时建设工程规划许可证》规定的内容进行工程建设，擅自改变位置、面积、层数、立面、结构的； （三）擅自改变临时建筑物、构筑物使用性质或者超过批准使用期限的。"

续表：

立法名称	立法内容
《泸州市违法建设治理条例》	第3条规定："本条例所称违法建设，是指违反城乡规划有关法律、法规规定的下列情形： （一）未取得建设工程规划许可证或者未按照建设工程规划许可证的规定进行建设的； （二）未取得乡村建设规划许可证或者未按照乡村建设规划许可证的规定进行建设的； （三）未经批准进行临时建设或者未按照批准内容进行临时建设的； （四）临时建（构）筑物超过批准期限不拆除的； （五）其他违反城乡规划管理规定的。 违法建（构）筑物违反城乡规划的事实持续存在的，属于违法建设的继续状态。"
《南宁市违法建设查处条例》	第3条规定："本条例所称违法建设，是指依法应当取得但未取得建设工程规划许可证、乡村建设规划许可证、临时建设规划许可证以及未按照规划许可证的规定进行的建设。 本条例施行前已建成的建（构）筑物是否属于违法建设，按照建设时施行的法律法规认定和处理；依法需要强制拆除的，依照本条例规定执行。"
《内江市违法建设治理条例》	第3条规定："本条例所称违法建设，是指违反城乡规划有关法律、法规规定的行为和建筑物、构筑物，包括下列情形： （一）未依法取得建设工程规划许可证或者未按照建设工程规划许可证的规定进行建设的； （二）未依法取得乡村建设规划许可证或者未按照乡村建设规划许可证的规定进行建设的； （三）未经依法批准进行临时建设或者未按照批准内容进行临时建设的； （四）临时建（构）筑物超过批准期限不拆除的； （五）其他违反城乡规划法律、法规规定的。 违反土地管理、消防、水利、交通运输、林业、人民防空等领域法律、法规进行建设的，由有关部门依照相关法律、法规依法查处。"

续表：

立法名称	立法内容
《清远市在建违法建设查处办法》	第3条规定："本办法所称的在建违法建设，是指违反城乡规划管理方面的法律法规规定，正在实施的下列违法建设情形： (一)未依法取得建设工程规划许可证、乡村建设规划许可证，或者建设工程规划许可证、乡村建设规划许可证失效的； (二)未按照建设工程规划许可证或者乡村建设规划许可证的规定进行建设的； (三)未经批准，或者未按照批准内容进行临时建设的； (四)其他违反法律法规规定的。 前款违法情形在法定节假日期间发生，节后抢建成为事实的，视为在建违法建设。 其他违反土地管理、农业农村、水利、林业、住建等相关法律法规的在建违法建(构)筑物，由自然资源、农业农村、水利、林业、住建等部门依法查处，其查处程序可以参照本办法执行。"
《苏州市拆除违法建筑实施办法》	第3条规定："本办法所称违法建筑，是指未取得建设工程规划许可证，未按建设工程规划许可证核准的内容进行建设、使用的建筑物、构筑物和超过批准使用期限妨碍城市规划、建设、管理的临时建筑。 妨碍公共安全、公共卫生、城市交通、市容环境的违法建筑，具体是指： (一)占用消防通道、地下工程、防洪设施、高压供电走廊的，影响输配电安全的，压占给水、雨水、污水、电力、通讯、燃气、热力、有线电视等地下管线的； (二)严重影响居民区安全、交通、卫生、安静、绿化、观瞻的； (三)占用公共广场、公共停车场、城市道路、城市主要出入口的，占压规划道路红线的； (四)不符合市容标准、道路景观规划的，擅自改变沿街建筑平面位置、高度、建筑立面(包括外墙装饰)影响市容景观的，占用绿地、公共用地的。"
《铜仁市违法建筑查处办法(2019年修订)》	第2条规定："本市行政区域内违法建筑的查处，适用本办法。 本办法所称的违法建筑是指未经规划许可擅自修建、未按规划许可内容修建的建(构)筑物，以及超过规划许可期限未拆除的临时建(构)筑物。"

续表：

立法名称	立法内容
《乌鲁木齐市查处违法建筑条例》	第3条规定："本条例所称违法建筑，是指违反城乡规划管理，未依法取得规划许可或者未按照规划许可内容建设的建筑物和构筑物，以及超过规划许可期限未拆除的临时建筑物和构筑物，包括城市、镇规划区内的违法建筑和乡、村庄规划区内的违法建筑。 违法建筑物、构筑物违反城乡规划的事实持续存在的，属于违法建设的继续状态。 本条例施行前已建成的建筑物、构筑物，是否属于违法建设，依照建设当时施行的法律、法规的规定予以认定。"
《无锡市违法建设治理办法》	第2条规定："本办法所称违法建设，包括下列违反城乡规划、市容环境等法律、法规规定的情形： (一)未取得建设工程规划许可证或者未按照建设工程规划许可证的规定进行建设的； (二)未取得乡村建设规划许可证或者未按照乡村建设规划许可证的规定进行建设的； (三)未经批准进行临时建设或者未按照批准内容进行临时建设的； (四)临时建(构)筑物超过批准期限未拆除的； (五)不符合城市市容和环境卫生管理规定或者城市容貌标准进行建设的； (六)其他违反城乡规划、市容环境等法律、法规进行建设的情形。 违法建设事实持续存在的，属于违法建设的继续状态。 交通运输、文物保护、园林绿化、人民防空、消防、水务等有关法律、法规对违法建设治理另有规定的，从其规定。"
《武汉市控制和查处违法建设办法(2012年修订)》	第2条规定："本办法所称违法建设，是指未取得建设工程规划许可证或者未按照建设工程规划许可证的规定建设的建筑物、构筑物或者其他设施。"
《武汉市控制和查处违法建设条例》	第3条规定："本条例所称违法建设，是指违反城乡规划管理有关法律、法规规定的下列情形： (一)未取得建设工程规划许可证或者未按照建设工程规划许可证的规定进行建设的； (二)未经批准进行临时建设、未按照批准内容进行临时建设或者临时建(构)筑物超过批准的使用期限不拆除的； (三)在乡、村庄规划区内未取得乡村建设规划许可证或者未按照乡村建设规划许可证的规定进行建设的。 本条例施行前已建成的建(构)筑物，是否属于违法建设，依照建设时施行的法律、法规的规定予以认定。"

续表：

立法名称	立法内容
《襄阳市防控和查处违法建设办法》	第3条规定："本办法所称违法建设是指违反城乡规划管理等法律法规规定的行为及产生的建筑物、构筑物和设施。 违反城乡规划管理等法律法规规定的行为及产生的建筑物、构筑物和设施持续存在的，属于违法建设的持续状态。 本办法施行前已建成的建筑物、构筑物及设施，是否属于违法建设，由县级以上人民政府、开发区管委会组织相关部门依法予以认定。"
《宜昌市禁止违法建设管理办法》	第3条规定："本办法所称违法建设，是指依法应当取得但未取得建设工程规划许可、乡村建设规划许可、临时建设规划审批以及未按照规划许可、审批的规定进行建设的行为。 违反城乡规划管理等法律法规进行建设的行为及产生的建(构)筑物和设施持续存在的，属于违法建设的继续状态。 本办法所称违法建设，包括擅自进行房屋建设、楼顶加层、露台搭建、立面悬挑、架空层围合、地下室建造及其他违法建设情形。"
《长春市制止违法建设、拆除违法建筑若干规定》	第3条规定："本规定所称违法建设，是指未依法取得建设工程规划许可证、临时建设工程规划许可证(以下统称规划许可证件)，或者违反规划许可证件规定进行的建设活动。 本规定所称违法建筑，是指未依法取得规划许可证件或者违反规划许可证件规定建设的建(构)筑物。"
《肇庆市控制和查处违法建设办法》	第2条规定："本办法所称的违法建设，是指违反城乡规划管理法律法规规定的下列情形： (一)未取得建设工程规划许可证或者未按照建设工程规划许可证的规定进行建设的； (二)未经批准进行临时建设或者未按照批准内容进行临时建设的； (三)临时建筑物、构筑物超过批准期限不拆除的； (四)法律法规规定的其他情形。 违法建筑物、构建物违反城乡规划的事实持续存在的，属于违法建设持续状态。 本办法施行前已建成的建筑物、构筑物，是否属于违法建设，依照建设当时施行的相关法律和法规的规定予以认定。"

续表：

立法名称	立法内容
《遵义市违法建设治理条例》	第2条规定："本条例所称违法建设是指在城乡规划区内违反城乡规划管理有关法律、法规规定的下列情形： (一)未取得建设工程规划许可证、临时建设工程规划许可证或者乡村建设规划许可证(以下简称规划许可)，擅自修建建(构)筑物的； (二)未按照规划许可的规定修建建(构)筑物的； (三)临时建(构)筑物超过临时规划许可期限未自行拆除的。 建(构)筑物违反城乡规划的事实持续存在的，属于违法行为的继续状态。"
《贵阳市违法建设查处规定》	第3条规定："本规定所称违法建设，是指违反城乡规划法律、法规的规定，建设建筑物、构筑物及其他设施(以下统称建(构)筑物)的活动，具体包括下列情形： (一)未取得建设工程规划许可证或者未按照建设工程规划许可证的规定进行建设的； (二)未取得乡村建设规划许可证或者未按照乡村建设规划许可证的规定进行建设的； (三)未经批准进行临时建设、未按照批准内容进行临时建设或者临时建设超过批准期限不拆除的。"
《吕梁市控制和查处违法建设条例》	第3条规定："本条例所称违法建设，是指违反城乡规划或者国土空间规划及其相关法律、法规的下列情形： (一)未取得建设工程规划许可证或者未按照建设工程规划许可证的规定进行建设的； (二)未取得乡村建设规划许可证或者未按照乡村建设规划许可证的规定进行建设的； (三)未经批准进行临时建设、未按照批准内容进行临时建设或者临时建设工程超过批准的使用期限未拆除的； (四)其他违反城乡规划或者国土空间规划及其相关法律、法规规定的。 《中华人民共和国城乡规划法》施行前已建成的建设工程，是否属于违法建设，依照建设时施行的法律、法规和城乡规划予以认定，但根据现行城乡规划或者国土空间规划和法律、法规不认定为违法建设的除外。"

续表：

立法名称	立法内容
《青岛市违法建设治理条例》	第3条规定："本条例所称违法建设，是指违反城乡规划法律、法规的建设行为以及形成的建(构)筑物，包括下列情形： (一)未取得建设工程规划许可证或者未按照建设工程规划许可证的规定进行建设的； (二)未取得乡村建设规划许可证或者未按照乡村建设规划许可证的规定进行建设的； (三)未经批准进行临时建设或者未按照批准内容进行临时建设的，或者临时建(构)筑物超过批准期限不拆除的。 已建成的建(构)筑物是否属于违法建设，依照建设时施行的法律、法规予以认定。法律、法规另有规定的除外。"
《贺州市违法建设防控和查处条例》	第3条规定："本条例所称违法建设，是指违反国土空间规划或者城乡规划管理有关法律法规规定的下列情形： (一)未取得建设工程规划许可证或者未按照建设工程规划许可证的规定进行建设的； (二)未取得乡村建设规划许可证或者未按照乡村建设规划许可证的规定进行建设的； (三)未经批准进行临时建设、未按照批准内容进行临时建设或者临时建(构)筑物超过批准的使用期限不拆除的。"
《濮阳市城区违法建筑处置办法》	第2条规定："具有下列情形之一的，应当认定为违法建筑： (一)未取得建设工程规划许可，未按照许可内容进行建设，未经政府批准的； (二)未取得乡村建设规划许可，未按照许可内容进行建设的； (三)临时建筑超过批准期限未拆除的； (四)在合法建筑上超出其高度或者外立面擅自新建、搭建的；改变规划用途擅自改建的； (五)其他违反城乡规划法律、法规的。 已建成的建筑是否属于违法建筑，依据建设时期的法律、法规和城乡规划认定。"
《连云港市违法建设控制和查处管理办法》	第3条规定："本办法所称违法建设，是指违反城乡规划法律、法规、规章规定进行建设的建筑物、构筑物和设施。 建筑物、构筑物和设施违反城乡规划的事实持续存在的，属于违法建设的继续状态。 土地管理、交通运输、水利、文物保护、消防等其他法律、法规、规章对违法建设控制和查处另有规定的，从其规定。"

通过对上文所有设区的市违法建筑定义与情形比较，设区的市地方立法清晰界定违法建筑的情形包括：（一）未取得建设工程规划许可证或者未按照建设工程规划许可证的规定进行建设的；（二）未取得乡村建设规划许可证或者未按照乡村建设规划许可证的规定进行建设的；（三）未经批准进行临时建设或者未按照批准内容进行临时建设的；（四）临时建（构）筑物超过批准期限未拆除的。违法建筑是指违反城乡规划管理，未依法取得规划许可或者未按照规划许可内容建设的建筑物和构筑物，以及超过规划许可期限未拆除的临时建筑物和构筑物。

尚未界定清晰的：一是违法建筑与违法建设的定义是否相同，两者是否通用；二是在合法建筑上擅自新建、搭建的、擅自进行房屋建设、楼顶加层、露台搭建、立面悬挑、架空层围合、地下室建造及其他违法建设情形是否属于违法建筑，对违法建设的类型化归类等，仍然不明确；三是公共安全、公共卫生、城市交通、市容环境等的违法建筑防控与查处是否纳入违法建筑立法之中，还是另外专门立法；四是本条例施行前已建成的建（构）筑物是否属于违法建设的认定问题；五是违法建筑地方性法规或地方政府规章的出台，对其他自然资源、农业农村、水利、林业、住建等部门依法查处违法建筑是否具有参照性等；六是违法建筑如何开展类型化区分，如何明确行政机关滥用职权造成的违法建筑。

2.5 责任认定、处置措施之比较

设区的市关于防控和治理违法建筑法律责任的立法规定，必须符合上位法规定，受《行政处罚法》《行政强制法》等的约束。《行政处罚法》第9条[①]规定了行政处罚的种类，第12条[②]规定了地方性法规设定行政处罚的权限。《行政强制法》第9条[③]

①《行政处罚法》第9条规定："（一）警告、通报批评；（二）罚款、没收违法所得、没收非法财物；（三）暂扣许可证件、降低资质等级、吊销许可证件；（四）限制开展生产经营活动、责令停产停业、责令关闭、限制从业；（五）行政拘留；（六）法律、行政法规规定的其他行政处罚。"

②《行政处罚法》第12条规定："地方性法规可以设定除限制人身自由、吊销企业营业执照以外的行政处罚。法律、行政法规对违法行为已经作出行政处罚规定，地方性法规需要作出具体规定的，必须在法律、行政法规规定的给予行政处罚的行为、种类和幅度的范围内规定。"

③《行政强制法》第9条规定："行政强制措施的种类：（一）限制公民人身自由；（二）查封场所、设施或者财物；（三）扣押财物；（四）冻结存款、汇款；（五）其他行政强制措施。"

规定了行政强制措施的种类,第10条[①]规定了地方性法规可以制定查封场所、设施或者财物,扣押财物的行政强制措施。《城乡规划法》规定了责令停止建设、限期改正,罚款、限期拆除、没收实物或者违法收入、查封施工现场等的法律责任。设区的市在违法建筑责任认定、处置措施等方面的立规,具体见表16。

一是责令改正、通报批评、行政处分、刑事责任、监察机关问责等内容。几乎所有设区的市都规定了上述责任承担方式。《常州市违法建设治理办法》第32条规定:"采用破坏查封现场、暴力等手段妨害查处违法建设,构成违反治安管理行为的,由公安机关依法予以治安管理处罚;构成犯罪的,依法追究刑事责任。"第33条规定:"违法建设治理工作中,负有协助义务的部门和单位不按照本办法规定提供协助的,由有权机关予以通报批评;情节严重的,对直接负责的主管人员和其他直接责任人员依法给予处分。"

二是责令停止建设、通知企业停止供水供电服务、查封、没收违法建筑或者违法收入等。《广州市违法建设查处条例(2020年修正)》第25条规定:"违法收入按照违法建筑物、构筑物查处时当地相当等级房屋价格确定,房屋价格由城市管理综合执法机关委托有资质的评估机构进行市场价格评估;不能以房屋价格计算的,按照违法建设工程总造价确定。"第27条规定:"违法建设法律责任由违法建设的建设单位或者个人承担。违法建设受让人、承租人或者实际使用人应当配合处理违法建设。"

三是信用惩戒制度。《广西百色市违法建设查处办法》第12条规定:"市、县(市、区)相关部门应当按照下列规定履行制止违法建设的职责:(四)物业行政主管部门负责指导物业服务企业对所管理的住宅小区建设行为进行巡查和登记工作;对制止违法建设不力,影响小区环境的物业服务企业,取消参加评选物业管理优秀、示范住宅小区的资格,并根据有关规定将其纳入不良信用记录。(五)发展改革、工业和信息化部门将受到行政处罚的当事人违法信息纳入公共信用信息资源目

①《行政强制法》第10条规定:"尚未制定法律、行政法规,且属于地方性事务的,地方性法规可以设定本法第9条第2项、第3项的行政强制措施。法律、法规以外的其他规范性文件不得设定行政强制措施。"

录,并协助相关执法部门向社会公示。"《常州市违法建设治理办法》第30条规定:"城市管理行政执法部门及有关部门和单位应当完善信用信息系统,依法及时将公民、法人和其他组织的违法建设行为信息,以及为违法建设提供服务的行为信息纳入本市公共信用信息系统,实施失信联合惩戒。"《楚雄彝族自治州违法建筑处置办法》第24条规定:"物业服务企业发现违法建设不制止、不报告的,由住房城乡建设主管部门予以警告,责令改正,并记入不良信用记录。"《襄阳市防控和查处违法建设办法》第45条规定:"对纳入不良信用记录的违法建设当事人,由相关职能部门实施联合惩戒。各级人民政府、开发区管委会及其相关部门、国有企业在实施政府采购或者建设工程招投标时,可以依法对其设定限制。"

四是取消绩效评优资格。《清远市在建违法建设查处办法》第30条规定:"市、县(市、区)人民政府应当加强查控在建违法建设工作的绩效考评,对下级人民政府不履行查控在建违法建设属地管理职责或者组织查控在建违法建设不力的进行督办督察。对经督办督察后未能及时组织整改,情节严重的,由上级人民政府或者监察机关对其主管人员或者直接责任人员进行责任追究。"

五是罚款数额。《宜昌市禁止违法建设管理办法》第38条规定:"供水、供电、供气等公共服务单位违反本办法规定,为违法建设提供相关服务或者未按要求停止提供服务的,由查处机关责令改正,处违法所得三倍以下罚款,最高不超过15万元。没有违法所得的,处5万元以下罚款。其他单位和个人违反本办法规定为违法建设提供水、电、气接驳的,由查处机关责令改正,拒不改正的,可以并处以1000元以上5000元以下罚款。"第39条规定:"物业服务企业不履行巡查义务,发现违法建设未予劝阻、制止或者未按规定报告的,由查处机关责令改正,并处5000元以上3万元以下罚款。"第40条规定:"违法建设当事人擅自改变规划许可确定的使用性质和用途的,由查处机关责令改正,处违法所得三倍以下罚款,最高不超过15万元。没有违法所得的,处5万元以下罚款。"

六是违法建设拆除后土地综合利用和城乡环境美化工作。《楚雄彝族自治州违法建筑处置办法》第21条规定:"乡镇以上人民政府应当根据城乡规划、土地利用总体规划，按照城乡人居环境提升、土地用途变更、棚户区改造、景观改造等要求，做好违法建筑拆除后土地的综合利用和城乡环境美化工作。”

表16 责任认定、处置措施表

责任主体	责任类型	设区的市	数量
行政主体	责令改正、通报批评、行政处分、刑事责任、监察机关问责	全都有	
行政相对人	责令停止建设、通知企业停止供水供电服务、查封、没收违法建筑或者违法收入	全都有	
相关部门	取消绩效评优资格	长春市、武汉市、清远市、本溪市	4
村（居）民委员会	通报批评、限期改正	肇庆市、宜昌市、无锡市、铜仁市、黄冈市、成都市	6
单位和个人	罚款等行政处罚	全都有	
违法建设当事人	失信联合惩戒	宜昌市、武汉市、铜仁市、南宁市、昆明市、哈尔滨市、佛山市、楚雄彝族自治州、常州市、濮阳市	10
执法机关或行政相对人	行政复议、行政诉讼、赔偿	武汉市、泸州市、河池市、广州市	4
人民政府及其有关部门	违法建设拆除后土地综合利用和城乡环境美化工作	哈尔滨市、楚雄彝族自治州、青岛市	2

通过比较：一是设区的市地方立法中的法律责任规定比较混乱，责任类型多样、责任数量不一、责任形式不系统等情况较为突出；二是是否符合上位法的规定，如取消绩效评优等；三是罚款数额的计算、行政自由裁量空间、责任追究等需要明确；四是违法建筑的财物如何计算、如何处置没有明确，如工程造价、没收财物等规定较为混乱；五是对信用联合惩戒的措施没有作出明确规定，是否存在滥用嫌疑。

第3章 设区的市立法空间之明确

根据《立法法》相关规定,设区的市人大及其常委会、地方人民政府在行使地方立法权时,对上位法内容拥有一定的规定权和设定权。就设区的市防控和治理违法建筑立法而言,拥有何种立法权限,立法范围如何,立法内容有无限制,采用何种立法体例等内容,需要深入分析与明确。

3.1 立法权限之明确

《立法法》第82条①规定了设区的市可先行制定地方性法规,且需要满足第81条第1款的规定,并且不能重复规定。《行政处罚法》第12条②规定了地方性法规的设定行政处罚的范围。与防控和治理违法建筑相关的立法不属于限制人身自由、吊销营业执照的内容,因此,设区的市地方人大及其常委会可以有所限缩的行使地方立法权,设定除限制人身自由、吊销营业执照之外的违法建筑拆除处罚。

根据《行政处罚法》第14条规定和《立法法》的相关规定,设区的市人民政府的政府规章只能设定警告、通报批评、罚款三种行政处罚,且不得随意规定罚款数额,罚款限额由省级人大常委会规定。因此,就上述立法而言,设区的市地方政府规章创制性立法权限较小,惩罚措施较为单一,惩罚威慑力较低,仅限于警告、通报批

①《立法法》第82条规定:"地方性法规可以就下列事项作出规定:(一)为执行法律、行政法规的规定,需要根据本行政区域的实际情况作具体规定的事项;(二)属于地方性事务需要制定地方性法规的事项。

除本法第11条规定的事项外,其他事项国家尚未制定法律或者行政法规的,省、自治区、直辖市和设区的市、自治州根据本地方的具体情况和实际需要,可以先制定地方性法规。在国家制定的法律或者行政法规生效后,地方性法规同法律或者行政法规相抵触的规定无效,制定机关应当及时予以修改或者废止。设区的市、自治州根据本条第1款、第2款制定地方性法规,限于本法第81条第1款规定的事项。制定地方性法规,对上位法已经明确规定的内容,一般不作重复性规定。"

②《行政处罚法》第12条规定:"地方性法规可以设定除限制人身自由、吊销营业执照以外的行政处罚。法律、行政法规对违法行为已经作出行政处罚规定,地方性法规需要作出具体规定的,必须在法律、行政法规规定的给予行政处罚的行为、种类和幅度的范围内规定。"

评、罚款三个方面，不能单独设定拆除违法建筑的行政措施。

设区的市以上地方人民政府能否通过经国务院授权或批准实行集中处罚的规章获取对违法建筑拆除处罚的立法权?在国务院授权或批准实行集中处罚的规章中，一般都规定行使集中处罚权的行政机关有权作出违法建筑拆除的处罚决定，但这并不意味着地方规章可以对违法建筑拆除的处罚及相关问题进行立法，仅表明国务院通过授权或批准的地方规章将违法建筑拆除的处罚权授予行使集中处罚权的行政机关，限于处罚裁定权的授予。与《立法法》相一致，地方人民政府不能通过国务院的授权成为违法建筑拆除的立法主体。①

行政强制行为分为行政强制措施与行政强制执行。就行政强制措施设定而言，按照《行政强制法》规定，在尚未制定法律、行政法规，且属于地方性事务的，地方性法规可以设定查封场所、设施或者财物以及扣押财物等行政强制措施，而法律、法规以外的其他规范性文件不得设定行政强制措施。这里所讲的地方性法规，应该主要是省级地方性法规，因为在《行政强制法》颁布之时，设区的市普遍的地方立法权还没有被赋予。即使作扩大性解释，设区的市地方性法规可以在一定条件下设定行政强制措施，但《行政强制法》在其第11条又作了更为严格的限制:法律对行政强制措施的对象、条件、种类作了规定的，地方性法规不得作出扩大规定;法律中未设定行政强制措施的，地方性法规不得设定。由此可见，不论是上位法已经作出规定的情形，还是上位法没有规定行政强制措施的情形，地方性法规都不能对行政强制措施作出设定。换言之，设区的市地方性法规事实上已经没有设定行政强制措施的空间。就行政强制执行方式而言，《行政强制法》已经明确规定，“行政强制执行由法律设定。法律没有规定行政机关强制执行的，作出行政决定的行政机关应当申请人民法院强制执行”，没有给包括设区的市在内的地方立法留有设定的空间。②

3.2 立法范围之明确

2023年新修改的《立法法》完善了设区的市立法权限规定:将“环境保护”修改

① 李蕊:《违法建筑拆除的地方立法问题研究》，载《济南大学学报(社会科学版)》2018年第4期。
② 王春业:《论设区的市地方立法空间的释放》，载《天津行政学院学报》2021年第1期。

为“生态文明建设”，增加了“基层治理”。[1]考虑到设区的市的特点和地方创新基层治理的实际需要，增加规定设区的市可以对“基层治理”事项制定地方性法规和地方政府规章；同时，根据2018年宪法修正案有关表述，将“环境保护”修改为“生态文明建设”，进一步适应设区的市制定地方性法规的实际需要。[2]新修改《立法法》明确将“基层治理”补充为设区的市可以立法的事项，有利于促进设区的市更好地探索和推进基层治理的创新。[3]就否定列举的情况而言，设区的市地方立法权不能涵盖以下方面：《立法法》第11条规定的只能制定法律的情形、涉及政治和宪法等重大议题。综合而言，设区的市可以制定关于防控和治理违法建筑的地方性法规或者地方政府规章。

根据《立法法》第93条的规定[4]，因防控与治理违法建筑多与城乡建设与管理、基层治理等密切相关，所以设区的市可以制定防控与治理违法建筑的地方政府规章，但如没有上位法依据，则不得设定减损权利或增加义务的规范。

3.3 立法依据与体例之明确

设区的市在防控和治理违法建筑立法过程中，应当明确立法条文是属于创制性立法还是执行性立法，究竟采用何种立法体例。

---

①《立法法》第81条规定：“设区的市的人民代表大会及其常务委员会根据本市的具体情况和实际需要，在不同宪法、法律、行政法规和本省、自治区的地方性法规相抵触的前提下，可以对城乡建设与管理、生态文明建设、历史文化保护、基层治理等方面的事项制定地方性法规，法律对设区的市制定地方性法规的事项另有规定的，从其规定。设区的市的地方性法规须报省、自治区的人民代表大会常务委员会批准后施行。省、自治区的人民代表大会常务委员会对报请批准的地方性法规，应当对其合法性进行审查，认为同宪法、法律、行政法规和本省、自治区的地方性法规不抵触的，应当在四个月内予以批准。”

② 童卫东：《新<立法法>的时代背景与内容解读》，载《中国法律评论》2023年第2期。

③ 丁祖年：《新修改立法法对地方立法制度的创新和完善》，载《中国法治》2023年第4期。

④《立法法》第93条规定：“省、自治区、直辖市和设区的市、自治州的人民政府，可以根据法律、行政法规和本省、自治区、直辖市的地方性法规，制定规章。地方政府规章可以就下列事项作出规定：(一)为执行法律、行政法规、地方性法规的规定需要制定规章的事项；(二)属于本行政区域的具体行政管理事项。设区的市、自治州的人民政府根据本条第一款、第二款制定地方政府规章，限于城乡建设与管理、生态文明建设、历史文化保护、基层治理等方面的事项。已经制定的地方政府规章，涉及上述事项范围以外的，继续有效。应当制定地方性法规但条件尚不成熟的，因行政管理迫切需要，可以先制定地方政府规章。规章实施满两年需要继续实施规章所规定的行政措施的，应当提请本级人民代表大会或者其常务委员会制定地方性法规。没有法律、行政法规、地方性法规的依据，地方政府规章不得设定减损公民、法人和其他组织权利或者增加其义务的规范。”

3.3.1 立法依据之明确

根据《立法法》第82条，按立法事项的不同，可分为执行性立法、地方性事务立法、先行立法三类。不同类型的地方性法规设定行政管理措施的空间大小不同，所需配置的行政处罚设定权也不相同。地方性事务立法和地方先行立法属于创制性立法，有较为完整的行政管理措施设定权；地方执行性立法只能针对法律、行政法规在本行政区域内的执行作具体规定，根据《立法法》，其并无行政管理措施设定权。[①]执行性立法是对上位法的细化，是在已有相关法律、法规规范的前提下，立法机关为了执行或者实现特定法律、法规的规定而进行的立法，是以有上位法且不超出上位法的规定为原则；创制性立法则是在对某一事项尚未有相应法律规范的情况下，立法机关为了填补法律、法规的空白或者补充法律、法规的规定而进行的立法。[②]

3.3.1.1 执行性立法

一是已经有法律、行政法规的，地方性法规只能结合本地具体情况，在法律、行政法规规定的给予行政处罚的行为、种类和幅度的范围内予以具体化。

二是已经制定法律、行政法规的，地方性法规规定行政处罚的幅度时，可以在法律、行政法规规定的行政处罚的幅度内提高下限或者降低上限，但不得突破行政处罚的幅度，降低下限或者提高上限。

三是已经制定的法律、行政法规规定的行政处罚的种类中没有某一处罚类型的，地方性法规和规章不能增加规定该类型的行政处罚。

3.3.1.2 创制性立法

一是该领域没有法律、行政法规，地方性法规可以补充设定行政处罚。

二是在该领域法律、行政法规仅有笼统规定或者没有规定，地方性法规可以补充设定行政处罚。

三是增加了听取意见、书面说明、备案三个方面的程序控制。《行政处罚法》第12条[③]规定了补充设定行政处罚应当广泛听取意见、制定机关书面说明、备案说明

---

① 王克稳：《地方性法规设定行政处罚的空间》，载《法学研究》2022年第1期。

② 王春业：《论设区的市地方立法空间的释放》，载《天津行政学院学报》2021年第1期。

③《行政处罚法》第12条规定："法律、行政法规对违法行为未作出行政处罚规定，地方性法规为实施法律、行政法规，可以补充设定行政处罚。拟补充设定行政处罚的，应当通过听证会、论证会等形式广泛听取意见，并向制定机关作出书面说明。地方性法规报送备案时，应当说明补充设定行政处罚的情况。"

补充情况。

四是拆除违法建筑是对物权的排斥，属于《立法法》第11条第8项民事基本制度的内容，应当适用法律保留原则。[①]在没有法律明确规定的情况下，设区的市防控和治理违法建筑立法不能随意扩大拆除违法建筑的措施和范围。

3.3.2 立法体例之明确

就设区的市防控和治理违法建筑立法而言，17个设区的市采取了章节的立法体例结构，24个设区的市采取了条文的方式进行立法。从17个设区的市立法体例来看，主要包括总则、职责分工、预防和控制、认定、查处、监管、拆除、执行、联动治理、法律责任、附则等内容（见表17）。其中最为核心的是总则、防控、查处、法律责任、附则等内容。因此设区的市在防控和治理违法建筑立法过程中，可以参考上述立法体例展开相关立法，明确总则、防控、查处、法律责任、负责的相关内容。

表17 体例结构表

体例结构	设区的市
总则、监管与查处、协作与共治、法律责任、附则	常州市
总则、源头治理、查处执法、联动治理、法律责任、附则	成都市
总则、防控、查处、法律责任、附则	达州市、青岛市
总则、职责分工、巡查控制、违法处置、法律责任、附则	鄂州市
总则、违法建设的巡查和制止、违法建设的认定、违法建设的拆除、法律责任、附则	佛山市
总则、职责分工、处置规定、罚则、附则	贵阳市（2022）
总则、预防与监管、调查与处理、法律责任、附则	泸州市、黄冈市
总则、协调联动、监管与处置、强制拆除、法律责任	南宁市
总则、源头防控、协作联动、调查处理、强制拆除、法律责任、附则	内江市
总则、职责分工、巡查和举报、查处程序、法律责任、附则	清远市
总则、职责分工、违法建设的巡查和控制、违法建设的查处、法律责任、附则	襄阳市
总则、职责分工、预防和控制、查处与执行、法律责任、附则	宜昌市
总则、违法建设巡查和控制、违法建设的查处、法律责任、附则	肇庆市
总则、预防和监管、认定和查处、法律责任、附则	遵义市
总则、防控、查处和处置、法律责任、附则	连云港市

① 王达：《比例原则在违章建筑处理中的运用》，载《人民司法》2007年第9期。

第4章 设区的市立法之考量因素

违法建筑作为阻碍推进城乡社会治理体系现代化的重大顽疾，严重影响了城乡社会风貌，危害了公共安全。防控和治理违法建筑涉及行政综合执法局、规划部门、乡镇政府等诸多主体和申辩、听证、拆除、公告等诸多环节，若缺乏全面系统考量，易使拆违工作陷入被动、久拆不绝、演变为重大复杂群体性拆违案件等尴尬境地。党的二十大报告提出，必须坚持系统观念，把握好全局和局部。因此，设区的市在防控和治理违法建筑立法过程中，应当综合系统考量违法建筑的公私法属性，做到执法公平，注重公共利益和个人利益、程序公正与行政效率的平衡。同时，还应避免其他设区的市立法过程中所产生的问题，从法规规章层面进一步完善相关规定。

4.1 违法建筑的公私法属性

违法建筑是一个公私法交融的概念。从行政执法程序来看，违法建筑需要由行政执法机关予以认定，按照《行政强制法》《行政处罚法》等的规定履行公告、申辩等程序予以拆除，如存在违法行为则需承担行政责任。从民法典物权的角度来看，违法建筑究竟属于动产抑或不动产？是否具有违法建筑所有权？转让是否具有效力？上述问题皆属于私法的调整范围。为此，需要注重公私法相衔接、完善责任体系、注重执法公平。

4.1.1 应注重公私法衔接

公私法的划分始于罗马法。罗马法关于公私法的划分主要分为三个标准：一是创制渊源标准。凡是由国家或者公共权力机构制定的规范属于公法；凡是由私人自主协商或者采纳的属于私法。二是调整对象标准。公法以公共利益为调整对象；私法以私人利益为调整对象。三是法的效力标准。公法具有绝对强制力，不可变通；私法可以合意协商，予以变通。就理念而言，公法对应的主要是“管制”，私法对应的是“自由”。对于违法建筑而言，公法管制主要通过管理、制裁等行政处罚、行政强制手段来消除违法建筑的负面效应，减少不同主体建设违法建筑现象的发生。对于违法建筑而言，私法调控主要是对行政相对人享有的何种合法利益进行保障，例如违法建筑的买卖租赁行为、违法建筑内的私有财产处置等问题。也就是说，只有公私法共同协力，才能实现违法建筑的法律调整。

对于违法建筑，以《城乡规划法》为中心，以其他公法规范为配套的管制有四种机制，即认定机制、处置机制、征收不予补偿机制和登记禁止机制。[①]某一建筑是否为违法建筑，需要行政机关依据行政规划许可进行认定。这一认定，是公法管制和查处违法建筑的首要步骤。由于违法建筑的认定对当事人影响较大，且与权利义务密切相关，因此该行为应当纳入法院的诉讼范围，具有可诉性。[②]法院和行政机关对违法建筑认定的介入，无不与公权力的行使密切关联。在违法建筑认定之后，就存在着如何处置的问题，例如罚款、限期拆除、责令停止建设、强制拆除等。上述措施都需要行政机关采取某种举措，使建筑回归到未发生时的原始状态。违法建筑在征收时，按照《国有土地上房屋征收与补偿条例》第24条第2款的规定，不予以补偿。根据《不动产登记暂行条例实施细则》第35条第2项的规定，违法建筑由于缺少不动产权属证书或者土地权属来源材料、欠缺规划许可，因而无法办理登记。按照《民法典》第231条的规定，违法建筑的所有权属于不能登记的所有权。与合法建筑所有权相比，违法建筑的所有权具有小产权的性质，不能登记、不能买卖。但建造人对违法建筑仍享有动产所有权。这里的动产所有权不仅指违法建筑的材料所有权，而且指违法建筑后续变动受动产交付、动产所有权或动产质权等规则的约束。违法建筑转让的效力如何？转让的标的是所有权还是占有利益？何者可以

① 常鹏翱：《违法建筑的公法管制与私法因应》，载《法学评论》2020年第4期。

② 参见最高人民法院(2017)最高法行申6318号行政裁定书。

提起案外人异议之诉?[1]另外,以违法建筑为标的物的合同效力如何,也需要私法加以约束,违法建筑买受人可以主张违约责任。违法建筑是否能够出租?违法建筑能否继承?违法建筑损害赔偿,所有人是否承担民事责任?……都需要私法加以调整。[2]因此,在设区的市违法防控和治理违法建筑的立法过程中,要注重公私法协力并存,公法管制起主导作用,私法起配合作用。

4.1.2 应完善责任体系

违法建筑之所以呈现此起彼伏、雨后春笋、久治不绝的状态,一个重要的原因就是责任体系不够完善。在违法建筑的查处方面,如何约束行政自由裁量权,如何掌握罚款幅度,如何开展行政强制措施,如何追责,需要不断完善。

对于行政相对人而言,部分存在侥幸心理、试探心理、追求利益心理,无故随意建设违法建筑、扩大建设违法建筑、拒不拆除违法建筑,为拆迁补偿谋利建设违法建筑等,追责的方法、手段、措施等仍不到位,如何追责具有难度。对于行政机关而言,有法不依、执法不严、违法不究现象是否存在,是需要考虑的问题。为此,应当区分自然人违建、私法人违建和公法人违建。自然人违建和私法人违建,需从财产的处置情况、行政机关采取的行政行为等入手,着重分析强调民事责任和刑事责任。公法人违建,除对行政机关工作人员进行纪律处分之外,还需将违法建筑查处工作纳入年度目标考核工作之中。在严重的情况下,还应追究公法人的责任。必要时,可借鉴德国、新加坡和爱尔兰等地的相关规定,追究兴建违法建筑者的刑事责任。例如爱尔兰《地方政府规划和开发法(1963年)》规定了两种承担刑事责任的情形:一是不执行强制执行通告。规划部门发出强制执行通告后,如果开发者仍不拆除违法建筑、恢复原貌,则开发者会构成犯罪。二是执行警告通告。警告通告的处罚比强制执行通告的更为严厉,对非法开发者处以加倍的罚金和6个月的监禁。[3]

4.1.3 应注重执法公平

一些城市迫于城市发展、市场竞争压力,再加上利益驱动,迁就开发商、投资

---

① 朱亚奇:《对违法建筑的强制执行及救济》,载《中国政法大学学报》2023年第2期。

② 周友军:《违章建筑的物权法定位及其体系效应》,载《法律适用》2010年第4期。

③ 郐艳丽:《中国城乡规划违法违规研究》,中国建筑工业出版社2014年版,第67页。

商,任由其更改变更规划。或者行政机关工作人员出于私人利益,与其沆瀣一气,帮助更改规划,使违法建筑者逍遥法外。《城乡规划法》虽然授权建设工程所在地县级以上地方人民政府责成有关部门对违法建筑查封、强制拆除,但由于复杂的利益关系,导致程序复杂、成本高、效率低,强拆一栋违法建筑变得十分困难。

另外,部分违法建筑是由社会上一些较为知名的人士所建设,在网络媒体蓬勃发展的时代,如何应对舆论压力,如何及时回应网络舆论,如何保证执法公平,是需要考虑的问题。[①]部分违法建筑在实践中为公法人所建造,公法人认为在自己使用的土地上建设并不违法或者权大于法,因而随心所欲、擅自建设,这种情况也不应区别对待。因而,在实际执法过程中,行政机关应不能只对自然人违法建筑严肃处理,而出于某种利益对私法人违建和公法人违建置之不理或漠视不见,甚至允许先开工后补手续使之成为合法建筑。

4.2 立法的利益衡量与价值选择

公共利益与个人利益、程序公正与行政效率两对价值冲突是防控和治理违法建筑难以回避的论题。为此,在立法中,需要综合考虑公共利益与个人利益、程序公正与行政效率之间的关系,将利益冲突、公正与效率价值冲突转化为行政程序问题。立法中不断追求和完善正当程序、法定程序,也许能够调和二者之间的矛盾与冲突。

4.2.1 公共利益与个人利益的平衡

从利益关系的角度而言,“行政法的基础是一定层次的公共利益与个人利益关系。”[②]在防控和治理违法建筑中,公共利益主要指建筑正常的管理秩序、空间的合理利用、市容景观的维护、社会的公共安全等。个人利益主要指个人财产的受损情况,个人的参与、公正、尊严等程序性权利。

在防控和治理违法建筑过程中,不能采取“一刀切”的手段,对所有的违法建筑

① 烟台莱山区:女足球员自曝被拆的房屋系违法建筑,不存在殴打和非法拘禁事实。https://new.qq.com/rain/a/20230211A075VO00,最后访问于2023年2月11日。

② 叶必丰:《行政法学》,武汉大学出版社1996年版,第53页。

都予以拆除。如果对违法建筑的类型不加以区分，就会导致侵犯个人合法利益。例如，程序性违法的建筑，并不会危害公共利益和他人财产权，可以责令补办手续、缴纳罚款。住宅类违法建筑，如建成后不满足居住需要，可在不影响公共利益的基础上，转变行政规划许可，将其改造为其他类型的建筑。同时，公共利益本身就是一个不确定的概念，要通过法定程序予以衡量和界定。另外，《行政强制法》规定了行政相对人公告、复议和诉讼停止执行等制度。虽然上述制度能从程序角度严格保护行政相对人的合法权益，但在违法建筑靠近高度危险物、破坏建筑主体结构等严重急迫危害社会公共安全的情况下，应当立即拆除、恢复原状，否则将会导致公共利益的损害。同时，在部分农村地区，由于兄弟分家，可能每一家都兴建一处住宅，在集体土地上兴建房屋，需要向规划部门申请获取行政许可。但因为部分农村没有制定控制性详细规划，规划部门不会批准建房许可。部分村民出于结婚房屋需要，修建了大量的违法建筑。这种情况下如何处理两者之间的冲突，需要仔细考虑公共利益和个人利益，建议该违法建筑可以事后通过补办手续转变为合法建筑。对于农村因继承违反"一户一宅"规定的建筑，如果符合当时的土地使用规划，并获得建批手续，但由于历史原因没有办理房产证，这种建筑应被视为合法建筑。[①]因此，在防控和治理违法建筑立法中，要将公共利益与私人利益相平衡，将私益置于与公益相平等的地位。

4.2.2 程序公正与行政效率的平衡

在防控和治理违法建筑过程中，程序公正强调要遵循正当程序，公平对待行政相对人，保证参与权、知情权、表达权、获得救济权等程序性权利；行政效率强调要经济高效，追求行政手段有效且效益最大化。

违法建筑具有搭建容易、拆除困难的特点，尤其是违法建筑建设速度极快，如不及时处理则迅速蔓延。因此，必须确保拆违程序的便捷、顺遂、及时、有效。[②]从防控和治理违法建筑的情况来看，如果一味追求送达、催告、公告等程序，就会降低

---

① 陈晋、喻晶：《农村违法建筑征收补偿问题研究——以宅基地上的违法建筑为研究对象》，载《四川师范大学学报(社会科学版)》2013年第2期。

② 宋纲、贾亚强：《强制拆除违法建筑案件的司法审查》，载《人民司法》2012年第17期。

行政效率，增加违法建筑强制拆除的难度，损害公共利益。如果对所有的违法建筑都适用一套拆除程序，那么也会导致部分行政相对人在拆除前加盖违法建筑以便谋利。长此以往，一方面，可能会纵容部分违法建筑行政相对人，在违法建筑长时间不能拆迁的情况下，得以继续牟取不正当利益；另一方面，也会增加行政机关的负担，增加拆除成本，降低法律权威，损害公共利益。同时，如果防控和治理违法建筑过程中不能运用法定程序有效保障行政相对人的参与、尊严、申辩、听证等合法权利，也会产生行政机关违法滥用权力、暴力拆迁、断水断电等情况，助长违法犯罪事件的发生，滋生社会矛盾。因此，在防控和治理违法建筑的操作程序中，要坚守“最低限度的公平”之立场，同时根据具体情况和“情势合理性”，寻求实现公平与效率的最佳平衡。[①]既能激励行政机关依法行政、提高行政机关执法效率，又能保护行政相对人的合法权益，实现维护城乡规划法律秩序的双赢。

4.3 立法的常见误区与典型案例

我国当前没有关于防控和治理违法建筑的统一专门立法。设区的市为了防控和治理违法建筑，相继出台了一系列的地方性法规和地方政府规章。但出于立法能力的强弱、立法实践的不同、立法利益的博弈等诸多原因，部分设区的市地方立法质量和立法水平有待加强。如若将其作为治理违法建筑行政执法的依据，容易出现执法依据不充分、执法合法性欠缺、当事人不信服等问题，面临法院败诉的风险。其中较为典型的问题是：违反上位法的规定、规范不具有明确性、存在重复立法嫌疑。

4.3.1 违反上位法的规定

《行政强制法》第43条明确规定，不得在拆迁过程中采取断水、断电、断气等方式。[②]但《乌鲁木齐市查处违法建筑条例》[③]《云南省违法建筑处置规定》等部分地方

① 王锡锌：《行政程序法理念与制度研究》，中国民主法制出版社2007年版，第99页。

②《行政强制法》第43条规定：“行政机关不得在夜间或者法定节假日实施行政强制执行。但是，情况紧急的除外。行政机关不得对居民生活采取停止供水、供电、供热、供燃气等方式迫使当事人履行相关行政决定。”

③《乌鲁木齐市查处违法建筑条例》第10条规定：“负责查处机关应将已立案的违法建设行为和处理情况告知供水、供电、供气企业。”第24条规定：“供水、供电、供气企业不应为违法建筑提供服务，否则将没收违法所得，并处一万元以上五万元以下罚款。”

性法规,规定供水、供电、供气、供热等企业在接到有关机关查处违法建筑的通知时,应当及时断水、断电、断气,不得提供服务。这就与《行政强制法》第43条第2项的规定相冲突。如果在治理违法建筑的过程中,采取上述措施,就会出现对居民生活采取停止供水、供电、供热、供燃气等方式迫使当事人履行相关行政决定的情况,这就违反了上位法。根据《行政强制法》,法律中未设定行政强制措施的,地方性法规不得设定,地方性法规可对"查封""扣押"拥有设定权,因此,地方立法无权确立断水、断电等断绝能源的强制措施,可依法采用"查封"措施予以替代,以达到强制拆除违法建筑效果。[①]总体来说,在地方立法与上位法发生冲突的情况下,地方立法将难以适用。此种情况显然不利于违法建筑的防控和治理,亟须提高设区的市防控和治理违法建筑的立法质量,以使其更好地服务于改善城乡面貌和推进城乡现代化建设。

如果行政机关在查处违法建筑的过程中,对行政相对人采取了断水、断电、断气的行政行为,那么法院在诉讼过程中,应当运用《行政强制法》支持行政相对人的正当合法诉讼请求,判定行政机关断水、断电、断气的行政行为违法,从而依法保护行政相对人的合法权益。为此,法院在审判过程中,如发现防控和治理违法建筑立法不完善、存在疏漏的情况,要积极地与人大及其常委会沟通交流,及时汇报相关情况,从而推动违法建筑相关法规规章的清理与修订。

4.3.2 规范具有不明确性

《浙江省违法建筑处置规定》第9条规定:"城乡规划主管部门发现城镇违法建筑正在建设中的,应当责令当事人停止建设;当事人拒不停止建设的,设区的市、县(市、区)人民政府应当责成有关部门采取拆除继续建设部分的措施",这里的"责成有关部门"到底是什么部门?是有强制执行权的部门,还是违法建筑联合执法的部门?如责成无行政强制执行权的部门,是否合法?有关部门的不明确,将会给违法建筑的执法主体和执法过程带来一定困扰。同样,该法第16条规定:"城镇违法建筑当事人在法定期限内不申请行政复议或者提起行政诉讼,又不自行拆除或者申

① 李蕊:《违法建筑拆除的地方立法问题研究》,载《济南大学学报(社会科学版)》2018年第4期。

请拆除违法建筑的，设区的市、县（市、区）人民政府应当责成有关部门强制拆除。"这里的"责成有关部门强制拆除"也难以界定。地方立法的不明确易导致防控和治理违法建筑中难以操作，也给法院准确适用带来疑惑。面对地方性法规适用的这个难题，法院应当如何发挥司法能动性，是司法实践中应予首先解决的难题。[①]《内江市违法建设治理条例》第21条规定："当事人未在规定期限内将违法建设内物品搬离的，可以在违法建设所在地基层组织代表或者无利害关系第三方见证下，将物品登记造册，妥善存放，并告知当事人十五日内到指定地点领取。逾期不领取的，实施强制拆除的部门应当依照有关规定处理。"这里的"有关规定"究竟指的是什么规定？有无相关根据？存在极大的模糊和不确定性。法院在审判过程中，如遇到立法不明确的事项，应及时向人大及其常委会或上级法院汇报，运用法律解释分析说理、据理裁判，提出相关建议，推动地方立法完善。

4.3.3 存在重复立法嫌疑

武汉市于2012年和2021年分别公布了《武汉市控制和查处违法建设办法》和《武汉市控制和查处违法建设条例》。虽然前者为地方政府规章，后者为地方性法规，立法性质不一。但两者在适用范围、违法建设的认定、执法过程等方面皆存在重复立法的嫌疑。如关于违法建设的认定，前者采用概括的方式进行规定[②]，后者采用列举的方式进行规定[③]。在行政执法机关认定违法建筑的过程中，究竟采用哪一条款、哪一标准进行认定，就会面临两难选择的问题。贵阳市2022年和2023年分别公布了《贵阳市制止和查处违法建设规定》和《贵阳市违法建设查处规定》。虽然前者为地方政府规章，后者为地方性法规，但在立法文本中只有"制止和"三字不

① 赵静：《城市违法建筑治理法治化研究》，黑龙江大学2021年博士论文，第99页。

②《武汉市控制和查处违法建设办法》第2条规定："本办法所称违法建设，是指未取得建设工程规划许可证或者未按照建设工程规划许可证的规定建设的建筑物、构筑物或者其他设施。"

③《武汉市控制和查处违法建设条例》第3条规定："本条例所称违法建设，是指违反城乡规划管理有关法律、法规规定的下列情形：（一）未取得建设工程规划许可证或者未按照建设工程规划许可证的规定进行建设的；（二）未经批准进行临时建设、未按照批准内容进行临时建设或者临时建（构）筑物超过批准的使用期限不拆除的；（三）在乡、村庄规划区内未取得乡村建设规划许可证或者未按照乡村建设规划许可证的规定进行建设的。本条例施行前已建成的建（构）筑物，是否属于违法建设，依照建设时施行的法律、法规的规定予以认定。"

同。同时，两者的适用范围皆为"本市行政区域内"[①]，两者皆规定了罚则。在行政机关实际防控和查处违法建筑过程中，究竟适用哪一文本展开执法活动，可能就会出现执法依据相冲突、执法过程不一致、处罚结果相矛盾等问题。

在防控和治理违法建筑的立法中，设区的市本可以发挥地方立法的积极性与适应性，为国家统一立法提供经验与借鉴。地方立法"以'小切口'解决国家立法'无法触及'的问题，提高立法的针对性"。[②]但囿于地方立法对上位法、部门政策的把握不够、立法机制不健全等，使得部分地方立法与上位法相抵触、设区的市重复立法、立法同质化、立法不明确等问题凸显，造成部分地方立法难以切中违法建筑实践难题，难以防控和治理违法建筑。综合而言，设区的市防控和治理违法建筑地方立法仍需进一步与地方实际需要相结合，植根地方违法建筑实践，增加立法条文明确性，减少模糊性，着重对认定程序、认定标准、执行程序方面展开细化，严格区分地方性法规和地方规章的立法内容，相冲突时只保留一部地方性法规等。

---

①《贵阳市制止和查处违法建设规定》第2条规定："本市行政区域内制止和查处违法建设活动，适用本规定。"

《贵阳市违法建设查处规定》第2条规定："本规定适用于本市行政区域城乡规划区内违法建设的制止、查处等相关管理活动。"

② 许安标：《我国地方立法的新时代使命——把握地方立法规律提高地方立法质量》，《中国法律评论》2021年第1期。

第5章 设区的市立法之制度设计

随着社会的快速发展、城镇化的快速推进,违法建筑在人民群众中反映强烈、诟病较多,在实践中面临着涉及面广、监管难度大、强制拆除难等问题。因认定事实不清、拆除程序违法、裁量标准不统一等原因,行政机关被多次推上被告席,行政机关败诉率较高。①防控和治理违法建筑是一个系统化、全局化的专项行动,关涉原则、程序、拆除机制、责任等多方面。因此,设区的市在立法制度设计中应不断明确设区的市立法的原则、确立违法建筑的认定标准和表现类型、规范违法建筑的执法主体和相关程序、完善违法建筑的责任认定与处置措施等,从而努力提升行政执法水平、推进防控和治理违法建筑规范化法治化。

5.1 明确设区的市立法的原则

行政法基本原则是开展行政执法活动的重要遵循和依据。近年来,虽然行政执法人员法治意识逐渐增强,但仍存在违背行政法基本原则的情况,例如忽视公众参与、不遵循比例原则、只注重强拆、违反执法程序等。因此,设区的市防控和治理违法建筑,应重视立法原则的指引,不断完善立法原则的内容。

5.1.1 比例原则

在行政执法中,比例原则又称禁止过度原则,它是指行政主体在实施行政行为时要与行政目标的达成、行政相对人合法权益的保护相平衡,并符合一定比例。比例原则包含"三性":(1)适当性。即行政机关采取的措施及方法应有助于行政目的之实现,否则即违反适当性。如某地规划部门长期不予颁发《建设用地许可证》和

① 李旭辉、孟思:《违法建设拆除行政案件的审理困境与机制完善》,载《人民司法》2020年第25期。

《建设工程规划许可证》，许多单位和个人在没有取得规划许可证的情况下便进行施工建设，待建筑物建成之后，有关部门采取罚款了事。规划执法部门所采取的罚款处罚实际上已经沦为变相收费，无助于实现维护城乡规划秩序目的。(2)必要性(亦称最小损害性)。即在有多种同样可达成行政目标之方法可供选择时，行政机关应选择对相对人权益侵害最小的方式，不能超出必要的限度，否则即违反必要性。(3)均衡性。行政机关采取的方法对相对人权益造成的侵害不得与欲实现之目的显失均衡，两者之间应保持相对均衡的关系，否则即违反均衡性要求。[①]根据《行政诉讼法》第70条第6项的规定，行政行为明显不当的，应予撤销。所谓明显不当，是指行政行为在客观上违反行政合理性原则而不具有合理性。该原则要求行政机关在执法时有多种方式可以有效实现行政目标的情况下，应当选择对相对人权益损害最小的方式，即行为违法性与行政处理方式应当合乎比例。具体到拆除违法建筑案件中，行政机关仅以卫星、航空遥感影像图显示涉案房屋形状发生改变进而认定涉案建设整体属于违法建筑、责令限期予以拆除，并未就涉案建设是否具有历史因素，是否含有合法建筑，是否可区分处理、补救充分取证和论证。故，该诉限拆决定明显不当。[②]

设区的市防控和治理违法建筑要符合比例原则，对待违法建筑要按照不同类型采取不同模式，不能一味地采取强制拆除的措施，要采取合理手段将当事人的损失降到最低。《城乡规划法》第64条规定要对程序违建和实质违建进行区别对待，并不是都要一律拆除。某些符合“尚可采取改正措施消除对规划实施的影响”的违法建设，可以通过罚款、责令补办手续等采取补救措施予以改正。例如行政相对人在房屋严重受损不适宜居住的情况下进行翻建，则行政机关应当综合考虑各种规划秩序、安全稳定等公共利益，是否需要采取拆除措施。可见，行政机关在处理违法建筑的过程中必须秉持比例原则，坚持尊重历史、实事求是，以效果为标准，将实

① 王达:《违法建设行政处罚自由裁量权羁绊——<关于规范城乡规划行政处罚裁量权的指导意见>解读》，载《中国房地产》2012年第21期。

② 上诉人沈秋成诉北京市延庆区大庄科乡人民政府、北京市延庆区人民政府责令限期拆除及行政复议案，北京市第一中级人民法院(2022)京01行终383号行政判决书。

质要件，如对规划的影响程度、占用土地的性质等与违法处理效果联系起来，以此作为区分违法程度的参考标准。对于仅缺少了建设工程规划许可证这一形式要件，对规划并无实质影响的“违法建筑”，应当责令其补办手续，“治愈”其违法性。[①]对实质违法的建筑，比如严重影响城市规划、造成社会公共安全危害的，则应当责令拆除。对擅自翻建建筑可只拆除影响规划部分，《城乡规划法》第64条对已建成的违法建筑，以是否可采取改正措施消除对规划实施的影响为标准，分别规定了不同的处理方式。结合《城乡规划法》与《行政强制法》确立的适当原则，行政机关在采取措施时，应当在实现惩治违法建筑目的的前提下，采取对行政相对人损害最小的措施，以便符合比例原则。据此，当事人未经建设工程规划许可，擅自将合法建筑翻建的，根据违法行为的社会危害程度，拆除影响规划的部分已经能够实现纠正违法行为的目的，无需对整个建筑实施全部拆除。[②]行政机关在防控和治理违法建筑的过程中，坚持比例原则，将会使行政执法更加权威畅通，减轻行政机关与行政相对人的对立情绪，加强违法建筑管控，维护正常建设秩序。

5.1.2 公众参与原则

设区的市在防控和治理违法建筑的过程中，要保障公众知情权、陈述权、申辩权、举证权、听证权、监督权等权利，自由表达自身意见，完善举证程序，做到信息公开透明。任何单位和个人都有权举报违法建设行为，并应当建立举报奖励制度，引导公众参与防治违法建筑行为。一方面能调动公众参与的积极性与主动性，另一方面也能督促行政机关提高自身监管与执法水平，促进依法行政。提前告知行政相对人违法建筑拆除的时间，必要时召开听证会，让行政相对人全程参与违法建筑的处理过程，将处理结果及时反馈，调查核实异议，作出处理决定并予以公示，接受监督。村(居)民委员会、物业服务单位、房地产开发企业、房地产中介服务机构等应当积极地参与到违法建筑的防控和治理过程中。特别是物业服务单位，可以做

① 李昊东:《司法裁判对行政机关查处违法建设的借鉴意义》，载《中国司法》2021年第2期。

② 再审申请人赵红梅诉江苏省苏州市姑苏区人民政府城建行政强制案，中华人民共和国最高人民法院(2016)最高法行申3330号行政裁定书。

好入住及装饰装修期间的告知工作，加强违建排查工作，积极履行违建劝阻义务，及时向相关部门报告，协助做好相关违建查处工作。对于资料不齐全或者冲突的建筑，由威望高、专业知识强的人员组成群众评议小组，由公众进行综合评议，作为认定违法建筑的重要依据。广播、电视、报刊、网络等媒体加强舆论监督，积极正确回应涉违法建筑社会热点事件，做好违法建筑曝光工作。对于兴建违法建筑的行为，设计单位、施工单位、出售砂石单位等与建设相关的单位和个人不得提供服务。例如《清远市在建违法建设查处办法》第13条规定，村(居)委会和物业服务单位劝阻并报告、单位和个人投诉举报的制度。①《青岛市违法建设治理条例》第17条规定，房地产开发企业、房地产经纪机构不得误导公众从事违法建设，无权属证书或者文件的不得提供房地产经纪服务。②《连云港市违法建设控制和查处管理办法》第18条规定，勘察设计单位不得提供施工图纸、施工单位和监理单位不得承建建设项目。③部分地区违法建筑的治理主体主要包括行政机关治理和社会共治两种类型。如中国香港更加注重多元力量的参与，强调社会共治，通过建立共同责任制度，将市民、业主、专业人士和政府部门皆纳入遏止违法建筑的体系，形成治理合力。④

5.1.3 严格执法原则

违法建筑之所以屡禁不绝、层出不穷，一个重要的原因就是执法不严。在建筑城乡规划阶段，违规审批规划，擅自更改土地用途，将行政权力沦为自身谋利的工具。在执法阶段，部分行政主体滥用行政执法权，对违法建筑不予执法或选择性执

①《清远市在建违法建设查处办法》第13条规定："村(居)委会在其辖区范围内发现在建违法建设的，应当立即予以劝阻，并向街道办事处或者乡镇人民政府报告。物业服务单位在其服务区域内发现在建违法建设，经劝阻未能制止违法建设行为的，应及时向违建查处部门或者街道办事处、乡镇人民政府报告。违建查处部门应当公布投诉、举报电话、电子邮箱和网上投诉举报，鼓励单位和个人对在建违法建设进行投诉举报。"

②《青岛市违法建设治理条例》第17条规定："房地产开发企业、房地产经纪机构发布销售广告和宣传资料，不得含有利用小区绿地、露台平台、屋顶等公共区域进行建设的内容欺骗、误导公众。房地产经纪机构受托提供经纪服务时，应当查看建筑物权属证书或者文件；无相应权属证书或者文件的，不得提供房地产经纪服务。"

③《连云港市违法建设控制和查处管理办法》第18条规定："勘察设计单位不得违反建设工程规划许可证、乡村建设规划许可证确定的内容提供施工图纸。施工单位、监理单位不得承建、监理未依法取得建设工程规划许可证、乡村建设规划许可证、建筑工程施工许可证的建设项目。"

④郤艳丽、李伟：《国内外违法建设治理法律制度借鉴》，载《国际城市规划》2017年第1期。

法，或通过执法方式变相谋取私利等。只有坚持在法制框架内严格依法行政，做到不偏不私、不谋取私利，才能使违法建筑数量得以控制，才能使人民群众感受到公平正义，例如《贵阳市制止和查处违法建设规定（2022年修改）》第25条规定："违法建设一经查证属实，有关主管部门应当严格按照处罚程序和有关法律、法规、规章的规定实施行政处罚。反复、有组织地进行违法建设，或者为谋取不正当利益恶意进行违法建设的，依法从严予以处罚。"

同时，在严格执法的过程中，可能会面临执法变动的情形：一是从默许违法到严格执法。政府往往出于招商引资需要，默许违法建筑长期存在。尽管政府相关部门已明确表态该建筑为违法建筑，但仍置之不理，不采取实质执法行动。这种情况下，应当严格依法行政，对于违法建筑的情况，要全方位拆除整治。例如，山东省济南市为保护雪野湖，拆除了大量的违法建筑。二是从承诺违法到严格执法。在建筑建设之初，相关政府工作人员口头承诺建设者，让其开展违法行为，消除违法建筑者的疑虑。例如，昆明市商务局口头承诺金木牛公司"边兴建边办手续"建设昆明金亚市场，但在市场建成后6个月便进行了拆除。显然违反了严格执法原则，明知违法却不严格执法，滥用政府公信力。三是从批准违法到严格执法。在建筑建设之初，行政相对人得到了政府相关工作人员的书面批准认可，但后又被重新认定为违法建筑。例如，临沂市岱崮镇为招商引资，获批准兴建了车间和其他附属物，但后要求拆除违法建筑。政府前后矛盾的执法行为显然违背了严格执法原则，导致执法过程矛盾冲突不断、阻力重重，需要严格追责。[①]上述种种情形，都与严格执法原则相悖，导致政府公信力严重丧失，损害公共利益，需要立法纠偏。

5.1.4 自拆与强拆相结合原则

对于违法建筑，如果违建者能够积极主动自愿拆除、自动处理拆除下来的建筑材料，则会减少行政机关拆除成本，减少自身经济损失。违法建筑虽然欠缺合法性，但作为民法上的物，却具有使用价值。私主体之间，应尊重违法建筑的物理形

① 郑鑫红：《政府诚信视角下执法变动与信赖利益保护研究——以对违法建筑执法变动为例》，载《领导科学》2020年第16期。

态，承认其使用价值，对之进行占有保护，甚至所有权保护。[①]因此，《行政强制法》规定的强拆程序，在一定意义上来讲，也是赋予了当事人"自行拆除权"，以方便当事人合理利用违法建筑材料。在司法实践中，法院也确认了"自行拆除权"。如陈国财等不服广东省佛山市南海区大沥镇人民政府城建规划行政强制案中，法院认为"依据《中华人民共和国城乡规划法》第65条的规定，被告强制拆除违章建筑前应责令改正、限期拆除，确保原告有机会对自己的财产及时作出处理，如自行拆除、转移室内财产等，以避免不必要的损失。被告拆除违法建(构)筑物应遵循法定程序，应当尽可能采取措施避免原告损失的扩大"。[②]如果行政机关违法剥夺了当事人的"自行拆除权"，那么由此造成的扩大损失，则应当予以赔偿。如果违建者不同意或不主动拆除，则行政机关应当先行公告，限期自行拆除。如不复议不诉讼，则可依法强制拆除。但依法强制拆除的过程中，应注意工作方式方法，赋予行政相对人完善的救济程序，实现保护个人合法利益与提升行政效率的平衡。如《武汉市控制和查处违法建设办法(2012年修订)》第21条规定："城市管理执法部门对发现的未取得建设工程规划许可证建设的建筑物、构筑物或者其他设施，应当责令当事人立即停止违法行为，同时下达限期拆除决定书，责令当事人在规定期限内自行拆除。需要强制拆除的，应当予以公告，限期当事人自行拆除。当事人在法定期限内既不申请行政复议或者提起行政诉讼，又不拆除的，城市管理执法部门可以依法强制拆除。作出强制拆除决定前，应当事先书面催告当事人履行限期拆除决定。无法拆除的，依法没收实物，可以并处罚款。"

5.1.5 查处原则

通过上文对违法建筑查处原则的比较，可以看出违法建筑的查处原则不一。但就本书来看，查处违法建筑的主要原则包括统一领导、属地管理、分级负责、防控为主、依法处置、综合治理等。因为源头预防、预防为主、源头控制和防控为主存在重复之嫌；部门协作、社会参与、协作配合和综合治理存在重复之嫌；快速处置、分

① 王利明：《物权法研究(上卷)》，中国人民大学出版社2007年版，第83-84页。
② 广东省阳江市中级人民法院[2014]阳中法行终字第50号行政判决书。

类处置、及时高效本身就是行政法所追求的效率价值,依法处置强调法规规章的重要性,应当纳入其中;严格追责、重点整治蕴含在了依法处置之中。

5.2 确立违法建筑的认定标准和表现类型

在实践中,违法建筑主要有三类:城镇国有土地上的违法建筑、农村集体土地上的违法建筑和违反交通、环境、自然资源管理中的建筑障碍物。就立法情况来看,违法建筑的立法散见于各种法律、法规、规章和行政规范性文件之中,没有统一规定。而且法律、行政法规、部门规章等没有准确界定何为违法建筑,地方性法规和地方政府规章只是基于设区的市地方立法权作了一定范围的规定,缺乏权威性且认定标准多样。同时,违法建筑立法名称也是各有差异,有的称之为违章建筑,有的称之为违法建设。这就导致行政机关在实际执法过程中难以认定违法建筑、处理过程混乱等问题,给防控和治理违法建筑带来了难题。

5.2.1 涵义认定的背景

我国法律、法规、规章没有对违法建筑作权威定义,只是从侧面涉及了违法建筑的相关内容。《城市规划法(1989年)》规定了"违法建筑物、构筑物或者其他设施"等的内容,使用了"违法建筑"的语词。《村庄和集镇规划建设管理条例(1993年)》对严重影响村庄、集镇规划的违法建筑物、构筑物作了规定。此后,《城市房屋拆迁管理条例》规定了"违章建筑"的内容。前文中已经提到,《土地管理法》《建筑法》《环境保护法》《水污染防治法》等都规定了认定违法建筑的条件,但都没有对违法建筑作出清晰界定。《城乡规划法》只是规定了临时建筑物、构筑物。未取得建设工程规划许可证或者未按照建设工程规划许可证规定进行建设,也没有出现"违法建筑"的字眼。因此,我国在立法层面,对于违法建筑的涵义规定,存在重大疏漏。但就设区的市防控和治理违法建筑立法而言,准确界定违法建筑并提出违法建筑的认定标准,应当是构建合理高效拆除程序、严格管控违法建筑的重要前提。

就设区的市立法而言,大多采取违法建设的立法标题(28部),采取违法建筑的立法标题较少(6部)。其中蕴含着违法建筑与违法建设不同的内涵,需要加以厘清，以便准确的确定防控和治理违法建筑的立法内容。

5.2.2 相关概念辨析

在防控和治理违法建筑实践中，与“违法建筑”适用较多、不相区分、容易混淆的概念主要是“违章建筑”与“违法建设”。但“违法建筑”与“违章建筑”“违法建设”皆有不同，需要仔细厘清区分，分析之间的差异，统一使用“违法建筑”的概念。

5.2.2.1 “违法建筑”与“违章建筑”

在中国语境下，究竟是用“违法建筑”还是“违章建筑”，相关立法也是用语不统一。《城市规划法》（已失效）、《国有土地上房屋征收与补偿条例》、《城镇个人建造住宅管理办法》（已失效）条文规定的是“违法建筑”；而在《国务院批准中央气象局关于保护气象台站观测环境的通知》《长江三峡工程建设移民条例》《广播电视设施保护条例》《城市规划条例》中，使用的是“违章建筑”。为了回避两个用语的矛盾规定，有关主管部门又使用了“违法违章建筑”一词。如《全国城镇燃气发展“十二五”规划》中曾有“造成这种现状的原因主要有以下几点：一是违法违章建筑等占压城镇燃气管线；……”的表述。但笔者认为两者应择其一运用，统一采用“违法建筑”的用语。原因如下：一是语词规范含义不同。“违法建筑”中的“法”包括法律、法规和规章，而“违章建筑”中的“章”如理解为规章、规章制度或者章程，则会造成违章建筑范围的扩大，认定泛滥。同时，《行政强制法》规定了违法建筑的强制执行。如果采用“违章建筑”一词，则未免会违反法律、法规设定违法建筑强制执行的规定，与上位法相抵触。二是从立法的用语转变而言，越来越多的立法采用了“违法建筑”的表述。2001年的《城市房屋拆迁管理条例》采用的是“违章建筑”，2011年的《国有土地上房屋征收与补偿条例》采用的却是“违法建筑”。两者都属于国务院制定的行政法规。从立法用语转变来看，国务院的立法态度也转向使用“违法建筑”一词。基于“下位法不得违反上位法”的原则，下位法也应当使用“违法建筑”一词。[①]同时，从前文的设区的市立法实证分析来看，使用“违法建筑”的用语正在逐渐增多，也一定程度上反映了立法导向。

---

① 王洪平：《公私法交融视域下的违法建筑问题研究》，中国人民大学出版社2020年版，第88-92页。

5.2.2.2 “违法建筑”与“违法建设”

“违法建设”这一用语在实践中也广泛应用，在地方性法规和地方政府规章中出现频次较高。范德虎、谢谟文认为：“静态的违法建设特指违法建筑物或违法构筑物，是违法建设行为的结果；动态的违法建设是指违法建设活动和行为。”[①]他们认为行为和结果是违法建设的两个重要方面。他们对违法建设作了要素分析，违法建设以违反《城乡规划法》等法律为前提，其行为违反了《城乡规划法》等法律规定，侵犯了《城乡规划法》等法律保护的社会关系，并且违法建设行为人存在过错。[②]

违法建设通常在行政管理领域运用较多。《关于规范城乡规划行政处罚裁量权的指导意见》界定了违法建设行为的内涵，即“违法建设行为是指未取得建设工程规划许可证或者未按照建设工程规划许可证的规定进行建设的行为”。由于没有“违法建设”的国家统一立法，因此，“违法建设”在实践中运用较为混乱。在我国设区的市立法中，有的地方立法将“违法建设”与“违法建筑”两个概念作同一使用，甚至用“违法建设”概念取代“违法建筑”概念。[③]还有的设区的市立法将“违法建设”与“违法建筑”区分开来。[④]违法建设是一个动态的概念，是建造建筑的行为。行政主体可以处罚违法建设行为，但违法建设不一定会形成违法建筑。例如，因违反《建筑法》中关于禁止肢解发包规定的违法建设就是这种情形。违法建筑是有特定含义的静态建筑物，这种建筑物的客观违法状态才是行政主体作出处罚的依据，应

---

① 范德虎、谢谟文：《城乡规划违法建设的法律界定及其要素分析》，载《规划师》2012年第12期。

② 范德虎、谢谟文：《城乡规划违法建设的法律界定及其要素分析》，载《规划师》2012年第12期。

③ 如2019年通过的《常州市违法建设治理办法》对违法建设作了定义，“本办法所称违法建设，是指违反城乡规划法律法规，未依法取得建设工程规划许可证、乡村建设规划许可证或者未按照建设工程规划许可证、乡村建设规划许可证的规定所进行的建设及产生的建(构)筑物和设施。”2020年出台的《成都市违法建设治理条例》第3条明确规定：“本条例所称违法建设，是指违反城乡规划法律法规的规定，在城乡规划区内进行的建筑物、构筑物、城市道路、管线和其他工程建设，包括下列情形：(一)未取得建设工程规划许可手续或者未按照建设工程规划许可手续的规定进行建设的；(二)未取得乡村建设规划许可手续或者未按照乡村建设规划许可手续的规定进行建设的；(三)未经批准进行临时建设或者未按照批准内容进行临时建设的，或者临时建筑物、构筑物超过批准期限不拆除的；(四)其他违反城乡规划法律法规规定的。”

④ 如《长春市制止违法建设、拆除违法建筑若干规定》第3条规定：“本规定所称违法建设，是指未依法取得建设工程规划许可证、临时建设工程规划许可证(以下统称规划许可证件)，或者违反规划许可证件规定进行的建设活动。本规定所称违法建筑，是指未依法取得规划许可证件或者违反规划许可证件规定建设的建(构)筑物。”

当明确区分“违法建设”和“违法建筑”两个不同的概念。[①]此外，把“违法建设”等同于“违法建筑”还会造成违法建筑认定的“扩大化”危险。“违法建设”属建筑管制的范畴，建筑管制包括用地管制、规划管制和建设管制三个方面，而对这三个方面中任何一个方面的违反都构成“违反建设”，但对其中一个方面的违反却未必构成“违法建筑”。如未取得施工许可证而从事的建设行为就属于“违法建设”，但未取得施工许可证而已取得建设工程规划许可证的建筑却是合法建筑。[②]

“违章建筑”“违法建筑”“违法建设”三者在实践中常常混用而导致混乱，特别是在设区的市相关立法中。在《北京市禁止违法建设若干规定》中[③]，“违法建设”被明文规定为一种未依法取得许可证或未按照许可证建设的城镇或乡村建设工程，又突出强调了建设结果。《城乡规划法》第64条规定了违法建设的情形，最高人民法院的“八民纪要”规定了违法建筑的情形，但两者内容并无不同。另外，林华东、张长立、谢雨梳理了违章建筑、违法建筑、违法建设三者的发展过程，他认为三者的发展阶段应为：违章建筑—违法建设—违法建筑[④]。

因此，应当统一界定、避免混用，笔者在这里统一采用“违法建筑”的用语：一是“违法建筑”相比“违章建筑”更符合上位法的要求，且立法也在逐渐使用“违法建筑”用语；二是“违法建筑”相比“违法建设”更能突出违法行为结果导向，违法建设更多地强调违法行为。

5.2.3 具体认定标准与表现类型

违法建筑究竟如何认定？这涉及“违法建筑”的涵义和“违法建筑”的认定标准。从立法解释来看，虽然《国有土地上房屋征收与补偿条例》第24条使用了“违法建筑”一词，但没有清晰界定。《行政强制法》第44条规定了“违法的建筑物、构筑

① 张开泽：《违法建筑的法律界定》，载《学术探索》2004年第11期。

② 王洪平：《公私法交融视域下的违法建筑问题研究》，中国人民大学出版社2020年版，第110页。

③《北京市禁止违法建设若干规定》规定：“违法建设，包括城镇违法建设和乡村违法建设。城镇违法建设是指未依法取得建设工程规划许可证、临时建设工程规划许可证或者未按照许可内容进行建设的城镇建设工程，以及逾期未拆除的城镇临时建设工程。乡村违法建设是指未依法取得乡村建设规划许可证、临时乡村建设规划许可证或者未按照许可内容进行建设的乡村建设工程。”

④ 林华东、张长立、谢雨：《关于<城乡规划法>第64条的若干思考》，载《城乡规划》2017年第12期。

物、设施等”,但何为“违法”? 法律法规没有清晰厘清。《土地管理法》第74条[①]规定了违反土地利用总体规划、新建建筑物和其他设施的违法建筑。《城乡规划法》第40条、第64条虽规定了违法建筑,但此处的“违法建筑”之“违法”仅违反《城乡规划法》,而“违法建筑”除了包括建筑物、构筑物、管线等设施,还包括道路和其他工程建设。我国涉及违法建筑的其他法律,如《土地法》《防洪法》《水污染防治法》《铁路法》《文物保护法》《水法》亦同。[②]2016年11月30日最高人民法院发布的《第八次全国法院民事商事审判工作会议(民事部分)纪要》第21条则将违法建筑表述为:未取得建设工程规划许可证或者未按照建设工程规划许可证规定之内容建设的建筑。

从学理解释来看,不同学者的观点各异,各有侧重。从“法”的范围来看,“违法建筑”是指违反法律法规、部门规章及相关规范性文件中的禁止性规定而建造的建筑物和构筑物。[③]从规划许可的角度来看,违法建筑是指,应经而未经规划许可、建设用地许可和建筑工程施工许可,并发给许可证(或批准书),或虽经许可,但不按许可条件建造的建筑物。[④]违法建筑是在法律意义上未取得建设工程规划许可证或未按照规划许可规定的内容建设的建筑物。[⑤]从行政管制的角度而言,违法建筑是指建造人违反建筑管制法律法规,未取得建设工程规划许可证或者未按照规划许可规定之内容,擅自建造的建筑物和构筑物。[⑥]

设区的市从各自立法事务的范畴分别列举了违法建筑的定义(见表18)。结合学理解释和法律法规、地方立法实践规定,违法建筑是指违反建筑管制法律、法

①《土地管理法》第74条:“买卖或者以其他形式非法转让土地的,由县级以上人民政府自然资源主管部门没收违法所得;对违反土地利用总体规划擅自将农用地改为建设用地的,限期拆除在非法转让的土地上新建的建筑物和其他设施,恢复土地原状,对符合土地利用总体规划的,没收在非法转让的土地上新建的建筑物和其他设施;可以并处罚款;对直接负责的主管人员和其他直接责任人员,依法给予处分;构成犯罪的,依法追究刑事责任。”

② 李蕊:《违法建筑拆除的地方立法问题研究》,载《济南大学学报(社会科学版)》2018年第4期。

③ 王才亮、陈秋兰:《违法建筑处理实务》,法律出版社2008年版,第11页。

④ 蒋拯:《违法建筑定义问题研究》,载《河南省政法管理干部学院学报》2011年第Z1期。

⑤ 常鹏翱:《违法建筑的公法管制与私法因应》,载《法学评论》2020年第4期。

⑥ 柯阳友、孟穗:《占有违法建筑可以排除强制执行的理性分析》,载《法学论坛》2023年第1期。

规，在城乡规划区内，没有取得建设工程规划许可证或者违反工程规划许可证的规定建设的建筑，或者是采取欺骗手段骗取批准而新建、扩建或改建的建筑。违法建筑一般包括以下几种情形：没有申请或者申请未获得批准，没有取得建设用地规划许可证和建设工程规划许可证而建成的建筑；虽然取得建设工程规划许可证，但未按照批准的范围、使用性质建成的建筑；擅自将临时建筑建设为永久性的建筑。[①]违法建筑认定标准主要包括：(一)未取得建设工程规划许可证或者未按照建设工程规划许可证的规定进行建设的；(二)未取得乡村建设规划许可证或者未按照乡村建设规划许可证的规定进行建设的；(三)未经批准进行临时建设或者未按照批准内容进行临时建设的，或者临时建(构)筑物超过批准期限不拆除的。违法建筑客观表现形式为未取得建设工程规划许可证、临时建设工程规划许可证进行建设或者未按照上述许可要求进行的建设、超过规定期限不拆除的。认定违法建设行为的构成要件主要包括以下几个方面：一是客观上表现为未取得建设工程规划许可证、临时建设工程规划许可证进行建设，或者未按上述许可要求进行建设的行为等；二是建设行为违反了土地管理法、城乡规划法等建设、规划相关法律、法规规定；三是违法建筑已经存在，但并不一定要求已经竣工完成；四是行为人主观上要有过错。[②]

表18 违法建筑定义表

名称	内容
《云南省违法建筑处置规定(2021年修正)》	第2条规定："本规定所称的违法建筑是指违反城乡规划管理法律、法规的建筑物、构筑物，包括城镇违法建筑和乡村违法建筑；城镇违法建筑是指在城市、镇规划区内未取得建设工程规划许可证、临时建设工程规划许可证或者未按照许可内容进行建设的建筑，以及超过批准期限未拆除的城镇临时建筑；乡村违法建筑是指在乡、村庄(含镇辖村)规划区内未取得乡村建设规划许可或者未按照许可内容进行建设的建筑。"

①《房屋拆迁时，违章建筑、无证房屋能否获得补偿？违章建筑如何认定？无证房屋拆迁补偿有哪些法律规定？》，载微信公众号"山东审判"，2022年12月14日。

②上诉人武汉市洪山区城市管理执法局与被上诉人武汉市天林门业有限公司责令限期拆除案，湖北省武汉市中级人民法院(2022)鄂01行终323号行政判决书。

续表:

名称	内容
《浙江省违法建筑处置规定(2020年修正)》	第3条规定:"本规定所称违法建筑,是指未依法取得规划许可或者未按照规划许可内容建设的建筑物和构筑物,以及超过规划许可期限未拆除的临时建筑物和构筑物,包括城镇开发边界内的违法建筑(以下简称城镇违法建筑)和城镇开发边界外的违法建筑(以下简称乡村违法建筑)。"
《海南省查处违法建筑若干规定(2012年)》	第3条规定:"本规定所称违法建筑是指违反城乡规划管理的违法建筑,包括城镇违法建筑和乡村违法建筑。城镇违法建筑是指城市、镇、特定地区规划区范围内未取得建设工程规划许可、临时建设工程规划许可或者未按照许可的内容进行建设的建筑物、构筑物。乡村违法建筑是指乡、村庄规划区范围内依法应当取得而未取得乡村建设规划许可、临时乡村建设规划许可或者未按照许可的内容进行建设的建筑物、构筑物。"
《重庆市查处违法建筑若干规定(2014年)》	第2条规定:"本规定所称违法建筑是指未经用地或者规划许可擅自修建的建(构)筑物,包括经竣工规划核实确认或者取得房屋产权证件后擅自新建、改建、扩建的建(构)筑物。"
《楚雄彝族自治州违法建筑处置办法》	第2条规定:"本办法所称的违法建筑是指违反城乡规划管理法律、法规的建筑物、构筑物,包括县市人民政府所在地建制镇规划区内的违法建筑(以下简称城镇违法建筑)和其他乡镇、村庄规划区内的违法建筑(以下简称乡村违法建筑)。"
《海口市防控和处置违法建筑若干规定》	第3条规定:"本规定所称违法建筑,是指违反城乡规划管理未依法取得建设工程规划许可证、临时建设工程规划许可证和乡村建设规划许可证、临时乡村建设规划许可证,或者未按照规划许可内容建设的建筑物、构筑物及设施,包括城镇违法建筑和乡村违法建筑。"
《昆明市违法建筑处置办法》	第2条规定:"本办法所称的违法建筑是指违反城乡规划管理法律、法规的建(构)筑物,包括城镇违法建筑和乡村违法建筑。"
《苏州市拆除违法建筑实施办法》	第3条规定:"本办法所称违法建筑,是指未取得建设工程规划许可证,未按建设工程规划许可证核准的内容进行建设、使用的建筑物、构筑物和超过批准使用期限妨碍城市规划、建设、管理的临时建筑。"

续表：

名称	内容
《铜仁市违法建筑查处办法(2019年修订)》	第2条规定："本办法所称的违法建筑是指未经规划许可擅自修建、未按规划许可内容修建的建(构)筑物,以及超过规划许可期限未拆除的临时建(构)筑物。"
《乌鲁木齐市查处违法建筑条例》	第3条规定："本条例所称违法建筑,是指违反城乡规划管理,未依法取得规划许可或者未按照规划许可内容建设的建筑物和构筑物,以及超过规划许可期限未拆除的临时建筑物和构筑物,包括城市、镇规划区内的违法建筑和乡、村庄规划区内的违法建筑。"
《濮阳市城区违法建筑处置办法》	第2条规定："本办法所称的违法建筑是指市中心城区内违反城乡规划管理法律、法规的建(构)筑物,包括城市违法建筑和城乡违法建筑。城市违法建筑是指城市规划区内已征国有土地上的违法建筑,城乡违法建筑是指城市规划区内未征集体土地上的违法建筑和乡镇、村庄规划区内的违法建筑。"

但如果建筑没有得到合法建设手续,合法证件不齐全的话,就一定属于违法建筑吗？在房屋征收过程中,对历史原因形成的没有建设审批手续和产权证照的房屋,行政机关应当在征收之前依法予以甄别,作出处理,不能简单将无证房屋一律认定为违法建筑,不予征收补偿;违法拆除因历史形成的无证房屋造成损失的,也不能简单以无证房屋即为违法建筑为由,不予行政赔偿。在行政机关没有充分证据证明被拆除的无证房屋属于违法建筑的情况下,应当将该房屋视为合法建筑,依法予以行政赔偿。行政赔偿的项目、数额不得少于被征收人通过合法征收补偿程序获得的行政补偿项目、数额。[①]《城市规划法》施行前建造的未经登记的房屋,应综合考虑建造历史、使用现状、当地土地利用规划以及有关用地政策等因素,依法进行调查、认定和处理:(1)1982年2月13日我国出台了《村镇

① 再审申请人梁文龙诉被申请人广西壮族自治区贵港市港北区人民政府强制拆除房屋及行政赔偿一案,中华人民共和国最高人民法院(2018)最高法行申5424号行政裁定书。

建房用地管理条例》,在这之前农村地区中建设并且到现在仍然存在的房屋。在1982年前,我国还没有推行比较完整的土地使用管理制度。根据《村镇建房用地管理条例》中的规定:“一定要尽快把农村地区房屋的建设审核管理体系制定出来,要保证有法可依、有理有据,绝对不允许随意占用土地的情况出现。”此外,条例还规定:“该法律只适用于集镇和农村地区,具有镇建制的镇和县城不能用。”也就是说,上文条例中的规定,不能在具有镇建制的镇和县城中应用。那么在1982年前我国还没有出台土地使用管理制度,自然也就不能要求被拆迁人针对这种房屋拿出合法的手续。(2)1984年4月1日前我国出台了《城市规划条例》,在这之前在城市区域修建的房屋。根据《城市规划条例》的规定:“所有单位以及组织,如果有在城市规划单位中建设的需求,只能利用属于集体性质或者国家性质的土地,一定要得到有关部门合法准许的计划书、建设有关资料或者是其他的能够作为证明的材料,然后才能找到城市规划管理单位告知自己想要使用土地的想法。单位或者组织在提出土地申请时,一定要先得到城市规划管理单位审核准许土地的土地面积、地址和区域,而且在把建设准许证件拿出来之后才能对土地进行使用。”另外,该条例还规定:“所有的单位或者组织在使用集体所有土地或者国家所有土地时,一定要先得到城市规划管理单位的准许与审核,在获得土地临时使用准许证件之后才能对土地进行使用。一般来说,临时使用土地的时间不会比两年更多。”《城市规划条例》中利用行政制度对城市规划单位中的土地使用作出了明确的规定。因为在条例出台之前缺乏有关管理,所以有关的手续也就自然不存在了。(3)1987年1月1日,在《土地管理法》颁布之前在城市区域修建并且沿用至今的建筑。根据我国《土地管理法》的规定:“在修建农村地区的房屋时一定选用空闲的宅基地,倘若在耕地上进行房屋建造的话,一经查实,县级行政机关将对此作出处理;倘若在空闲宅基地上修建房屋的话,乡级行政机关需要对此作出处理。”农民朋友们在使用宅基地土地时,一定要遵照当地的土地使用规定。此外,《土地管理法》还要求:“非农业户口的城镇居民如果及时把不合法的土地交还的话,房屋就会在规定时间段内被拆除,土地上的建筑就会被征收。”“如果行政机关人员私自动用权利，通过欺瞒的途径得到准许或者在没有得到允许的情况下，就利用不正当的手段修建房屋的话，一定要把土地交还并且在规定的时间内把建筑拆除，除这些之外，机关人员还需要接受所在职位的相应行政处分。”在1987年颁布的《土地管理法》中已经作出了较为明确的要求，这是我国开始通过法律的方式来约束城乡房屋建造与土地使用的体现。虽然以前通过《城市规划条例》和《村镇建房用地管理条例》对城市地区与农村地区的土地使用和房屋建造作出了规定，但是在现实生活中并没有得到实施。通过这些规定，我们能够看出在正式颁布《土地管理法》之前就已经修建好并且沿用至今的建筑，即便不具有有关合理的手续资料，也不能够被认定为违法建筑。(4)1987年以后拿不出有关证件，没有得到房屋产权证的。从法律角度来看，这种房屋应该被认定为违法建筑。但是，由于地区不同，各地对于《土地管理法》正式实施的实践存在差异，所以应该把房屋所在区域中当地正式构建形成审核功能、土地审核单位的时间当作标准。那些在当地有关审核单位正式构建并且发挥职能时间之前修建的房屋，不能够被认定为违法建筑。(5)房屋建设完工而且使用的实际时间超过了20年并且从来没有由于违法等原因被有关部门查处的房屋。房屋早就完工并且使用时间已经超过20年的房屋，如果有关管理部门在之前的20年里都没有进行审核，房屋还被判定为违法建筑的话，那么是不利于社会和谐稳定，与准则不符合的。按照行政诉讼时效20年和不动产民事追诉时效20年的规定，我们可以看出，这种类型的房屋不属于违法建筑，不能用对待违法建筑的方式来处理。[①]因此，对于违法建筑的性质认定，除了考虑相关法规的出台时间外，还要考虑到建筑物形成后将持续存在，该行为不同于一般的行为，不能笼统地以法不溯及既往原则认定其性质。[②]在设区的市防控和治理违法建筑的过程中，应当明确

①《没有合法手续盖的房都算违建？记好这5个时间点，别被蒙了！》，载微信公众号“专注行政法”，2022年10月9日。

② 再审申请人浙江省杭州市富阳区胥口镇碧峰岭养殖场诉被申请人杭州市富阳区人民政府、杭州市富阳区胥口镇人民政府城建行政赔偿及行政复议案，中华人民共和国最高人民法院(2020)最高法行申1214号行政裁定书。

"本办法施行前已建成的建(构)筑物,是否属于违法建设,按照建设时施行的法律、法规予以认定。建筑物、构筑物违反城乡规划的事实持续存在的,属于违法建设的继续状态"。例如《哈尔滨市违法建设防控和查处条例》第3条规定:"本条例施行前已建成的建筑物、构筑物,是否属于违法建设,依照建设当时施行的法律、法规的规定予以认定和处理。"《鄂州市控制和查处违法建设办法》第3条规定:"建筑物、构筑物违反城乡规划的事实持续存在的,属于违法建设的继续状态。"

对于"历史遗留问题建筑物",需要遵循"法不溯及既往"原则,分情况予以对待:一是因政府行政行为产生的形式违法但实质合法的建筑,应当遵循"信赖保护"原则,一概不予以认定为违法建筑。此处的信赖保护原则,需要具有行政机关作出一定行为的信赖基础、当事人信赖行政机关的客观表现、信赖无瑕疵并值得保护。如果对违法建筑进行拆除,应当权衡公共利益与个人利益,按照市场价值标准予以补偿,补偿范围包括直接损失与间接损失、既得利益与可得利益。①二是因行政相对人伪造材料、违法改变许可等违法行为产生的,应当一概认定为违法建筑。但是行政执法机关应当查明违法行为人,如果违法行为人仍占有和使用该违法建筑,则应当对其进行处罚。如果房屋进行了买卖,第三人举证证明不清楚违法建筑的情况,则应当保护善意第三人,给予一定补偿。②三是对于"历史遗留问题建筑物",可以允许补正材料、颁发证书。如果违法建筑对公共利益或他人权益没有损害,则行政执法机关可以先行给予一次性行政处罚。当事人在履行行政处罚之后,可以向规划、土地行政主管部门申请补办房产证,纳入正常房屋管理。③当事人需要经历申请补办手续、开展测绘、规划及土地审查、办理房屋安全鉴定报告及告知手续、办理建筑消防安全评估登记手续、补办手续复核、行政处罚、不动产登记等过程。四

① 戚建刚、王兆鑫:《违法建筑行政裁判中信赖保护原则之适用——以308份裁判文书为考察对象》,载《华侨大学学报(哲学社会科学版)》2013年第3期。

② 梁兴国:《城乡社会治理需要精细化的法治思维——以"历史遗留问题建筑物"的责任承担问题切入》,载《探索与争鸣》2021年第5期。

③ 李海军:《违章建筑执行实务》,载《人民司法》2007年第4期。

是可以采取暂缓拆除的措施。根据无房居住、未落实住房过渡安置、公益性服务设施、过期临时建筑等不影响城市规划建设设施、面临特殊困难不能立即拆除的情况,可以赋予6个月的暂缓拆除期限,待事由消除后及时拆除。例如《南通市市区存量违法建设分类处置办法》对2008年1月1日以前发生的违法建设,规定了暂缓拆除(除占用基本农田之外)的情形与措施。①

5.3 规范违法建筑的执法主体和相关程序

在认定处理违法建筑的过程中,行政机关一般分为两个阶段进行:第一个阶段,对涉案建筑是否属于违法建筑进行认定;第二个阶段,当涉案建筑被认定为违法建筑时,行政执法机关对违法建筑采取行政处罚和行政强制等处理措施。因此,设区的市防控和治理违法建筑立法,不仅要规范违法建筑的执法主体,还要做到程序合法正当。

5.3.1 规范执法主体

由于违法建筑情况的复杂多样、不同地市防控和治理违法建筑的力度不同,不同设区的市在立法实践中可能会规定不同的执法主体。有学者认为,违法建筑执法行为性质属于行政确认而非行政处罚,违法建筑认定权应当由规划部门独立行使,有利于发挥规划部门的专业优势。②王毅、于荣认为由规划部门和城市管理综合执法部门共同认定、处理违法建筑,违背了《城市规划法》的立法精神,提出城市

①《南通市市区存量违法建设分类处置办法》第10条规定:"属下列情形之一的,可暂缓拆除(占用基本农田的除外):(一)具备城镇公租房、经济适用房申请条件的违法建设当事人,违法建设拆除后无房居住,或者现有住房面积(含违法建设部分)低于本地住房最低标准,在未获得住房保障资格核准或者未落实住房过渡安置的;(二)公益性服务设施配套不足的学校、医院、街道、社区因服务大众需要,或因按照市级以上文件规定要求配套建设的公益性服务设施,不影响近期规划实施且符合消防、公共安全、市容环境等要求的;(三)用于公共卫生、自然灾害、事故灾难、社会安全等突发事件应急处置的临时建设,按照应急处置的实际需求,在市、区政府(管委会)作出相关停止使用决定前的;(四)对涉及众多失地村民、企业改制职工利益分配等可能引发社会不稳定因素的过期临时建筑;(五)法律、法规规定的其他情形的。

对拟暂缓拆除的违法建设,区级城管执法部门应当征求利害关系人意见,并在一定范围内进行公示,经征询辖区街道办事处(镇、区、园)意见,报区政府(管委会)批准。

暂缓拆除的期限原则上不得超过六个月,因上述暂缓拆除事由仍未消除的,经批准可适当延期。

暂缓拆除的事由消除后,应当及时对违法建设实施拆除。"

② 吴兴国:《违法建筑治理的困境与出路》,载《理论学刊》2013年第7期。

规划部门是违法建筑执法的唯一主体。[1]违法建筑执法主体的混乱，将会带来执法效果不足、威慑力不强、多头执法、执法权力滥用等的弊端。因此，防控和治理违法建筑应当准确界定执法主体。

5.3.1.1 城市综合行政执法部门、乡(镇)人民政府、街道办事处是主要执法主体

根据《行政强制法》第68条和第17条的规定，城市综合行政执法部门具有查封施工现场和强制拆除的权力。随着城乡规划执法权由城市综合行政执法部门集中行使，《行政处罚法》规定了省、自治区、直辖市可以将行政处罚权交由镇人民政府、街道办事处行使，同时省政府积极推进赋权镇街实施行政执法事项。如果省级人民政府赋予了街道办事处执法资格，则城市综合行政执法部门、街道办事处、乡镇人民政府具有了违法建筑执法的法定性与正当性。现阶段，如果相关法律规范未赋予街道办事处对违法建筑予以拆除的职权，那么街道办事处属于区政府的派出机关不属于乡、镇人民政府，拆除乡、村庄规划区内违法建筑，属超越职权。[2]县级以上政府不宜直接参与违法建筑拆除活动：一是按照《行政强制法》的规定，违法建筑拆除前，应当履行催告、陈述申辩、公告等程序，如果由县级以上政府来实施，将会拖延拆迁工作，宜导致违法建筑迅速蔓延。二是县级以上政府如果对每一起违法建筑拆除案件展开审查，势必增加负累，应当居于超脱地位，起着总揽全局、协调各方的作用。

同时，不同执法主体之间应当明确执法范围。根据《上海市拆除违法建筑若干规定》第3条第3款规定，拆违实施部门主要是指市和区、县规划、房屋和城管执法行政管理部门，各部门按照职责分工，分别负责违法建筑的拆除。对于实行物业管理区域内违法建筑的拆除，由房管部门和城管部门按照以下分工实施：城管部门负责公共绿化、道路或者其他场地违法建筑的拆除。未实行物业管理的区域内违法

---

① 王毅、于荣：《城市化背景下二元规划执法主体的困境与出路》，载《北华大学学报(社会科学版)》2007年第3期。

② 陈中强诉郑州市惠济区人民政府、郑州市惠济区长兴路街道办事处拆除房屋违法案，中华人民共和国最高人民法院(2017)最高法行申1098号行政裁定书。

建筑拆除,由规划部门和城管部门按照以下分工实施。城管部门负责以下违法建筑的拆除:(1)位于现有的城市道路,公路两侧和隔离绿化带内的;(2)位于现有的铁路、地铁、轻轨、隧道两侧安全保护区内的;(3)位于高压电走廊保护区的;(4)压占地下管线和位于管线安全保护范围内的;(5)位于河道、海塘范围内的;(6)影响消防车、救护车、环卫车等特种车辆通行的;(7)阻塞消防、地下防空通道的;(8)位于广场、公共活动场地及经规划核定为向社会公众提供开放字间区域内的;(9)位于城市高架道路桥孔桥梁引桥和桥面投影下的(为高架和桥梁配套的建[构]筑物除外);(10)位于城市公共绿地,生产绿地、防护绿地、专用绿地的、规划部门负责上述城管部门执法权限以外违法建筑的拆除。其他情形违法建筑的拆除。拆除原有房屋未经批准重建的违法建筑,由规划部门负责拆除,房管部门做好配合工作。违法建筑涉及优秀历史建筑的,由房管部门负责拆除。特殊情形违法建筑的界定,由规划部门会同房管部门负责。①

5.3.1.2 不涉及认定标准中的“一书三证”,涉及其他法律法规的违法建筑,应当由其他行政机关进行执法

《公路法》第79条规定了由交通主管部门拆除违法标志的情形,其执法主体就应当是交通主管部门。《消防法》第58条规定了由消防救援机构处罚的情形,则消防救援机构是执法主体。《防震减灾法》第84条赋予县级以上人民政府地震工作主管部门可以采取责令恢复原状或依法承担赔偿责任、罚款等的措施,因而地震工作主管部门是执法主体。为此,《内江市违法建设治理条例》第3条规定:“违反土地管理、消防、水利、交通运输、林业、人民防空等领域法律、法规进行建设的,由有关部门依照相关法律、法规依法查处。”《襄阳市防控和查处违法建设办法》第13条分别明确了城乡规划部门、城乡建设部门,国土资源部门,城市管理执法部门,住房保障和房屋管理部门,林业部门,水利部门,交通运输部门,工商部门,公安部门,消防部门,行政审批等部门,供水、供电、供气等生产经营企业等部

① 王岩:《强制拆除违法建筑案件若干问题探析》,载《法律适用》2011年第9期。

门和单位的职责。[①]因民事主体或基层群众自治组织并无实施强制拆除的权力，如果其作为民事主体擅自以自己的名义违法强拆，侵害他人合法享有的物权的，除承担民事责任外，还依法承担行政责任与刑事责任。

5.3.2 规范执法程序

立法需要建构符合现代行政基本要求的程序制度，并能够有效解决行政执法实践中存在的问题，这是完善行政执法程序立法应当坚守的前提。[②]行政执法遵守法定程序贯穿于防控和治理违法建筑的全过程。如在违法建筑认定过程中，需要先调查取证再展开认定，报相关部门审查。当认定为违法建筑后，需要先行告知责

---

①《襄阳市防控和查处违法建设办法》第13条规定："下列部门和单位应当依法履行防控或者查处违法建设的职责：(一)城乡规划部门：负责对违法建设及其对城乡规划影响程度的认定，区分可否采取改正措施消除对规划实施影响的情形，提出具体明确的认定意见；对城乡规划实施情况进行监督检查，严格建设工程验线和规划条件核实，对建设工程项目中存在违法建设尚未处罚结案的，不得核发规划条件核实证明。(二)城乡建设部门：负责建设施工活动的日常巡查；对被认定的违法建设不予建设工程竣工验收备案；建立"黑名单"制度，对从事违法建设的建设、施工、设计、监理等单位，纳入不良信用记录，在其参加各级政府及相关部门组织的评优评先时严格把关，提出具体意见。(三)国土资源部门：负责国土资源执法监察动态巡查，对非法转让、非法占地及擅自改变土地用途等土地违法行为依法予以查处；协助相关行政执法部门核实违法建设用地权属、建设时间等相关情况；不动产登记机构对违法建设不予办理不动产登记。(四)城市管理执法部门(综合执法部门)：负责国有土地上建设行为的动态巡查，依法查处未取得建设工程规划许可证或者未按照建设工程规划许可证的规定建设、验收合格后未按照规定办理建设工程规划许可证又进行建设、未经批准或者未按照批准内容进行临时建设的行为及产生的建筑物、构筑物或设施；依法查处参与违法建设的无施工资质施工和违反施工资质管理等违法行为；依法查处城市河道违法建设。(五)住房保障和房屋管理部门：负责指导物业服务企业对所管理的住宅小区建设行为进行巡查和登记工作，依法履行违法建设行为劝阻、制止和报告职责；对制止违法建设不力、影响小区环境的物业服务企业，取消参加评选物业管理优秀、示范住宅小区的资格，并根据有关规定将其纳入不良信用记录。(六)林业部门：负责依法查处违法占用林地擅自进行建设的行为。(七)水利部门：负责依法查处所管辖河道、堤坝范围内的违法建设。(八)交通运输部门：负责依法查处位于公路两侧建筑控制区内的违法建设。(九)工商部门：负责依法查处利用违法建设进行无照经营的行为。(十)公安部门：对将违法建设作为居住场所的，不以合法稳定住所认定。依法维护拆除违法建设的现场秩序，及时制止和查处阻碍国家机关工作人员依法执行职务等违法犯罪的行为。(十一)消防部门：负责依法查处占用消防通道、严重影响公共安全的消防违法行为。对不能提供建设工程规划许可证明文件的建设工程，依法不予核发有关证照。(十二)行政审批等部门：在核发有关证照时严格审核把关，对利用违法建设开展经营的，不予核发有关证照；对已经核发的，依法予以撤销。(十三)财政部门：负责按照事权和财权相适应的原则，将防控违法建设工作经费和查处违法建设办案经费分别纳入同级预算予以保障。(十四)法制部门：加强行政执法监督，根据行政执法部门的提请，或者依其职权，对行政执法争议进行协调处理。(十五)供水、供电、供气等生产经营企业：单位和个人因实施建设需申请相应服务时，应出具相关规划建设的许可文件，对不能出具许可文件的，依法不得提供服务；在行政执法部门出函要求协助查处违法建设时，应积极配合，依法停止提供临时性或者永久性服务。(十六)广播、电视、报刊、网络等新闻媒体：积极做好防控和查处违法建设宣传报道和典型违法案件的曝光工作，不得为违法建设提供宣传服务。"

② 王万华：《完善行政执法程序立法的几个问题》，载《行政法学研究》2015年第4期。

令限期拆除决定，听取陈述、申辩，召开听证会，告知提起行政复议和行政诉讼的期限。在作出限期拆除决定之后，还需要履行送达执法文书，审批强制拆除，制作拆除方案，实施拆除和验收，以及结案归档这五个法定程序。一般而言，拆除行为应遵守如下程序：两人执法程序、表明身份程序、财物登记程序、制作现场笔录程序等，同时还应注意保护相对人的到场权、知情权（知悉实施拆除的理由、依据、救济途径）等程序性权利。[①]同时，还应注意行政裁量权的行使、执法公示、执法全过程记录等程序内容。

5.3.2.1 查处程序的适用

《城乡规划法》第40条第1款规定，进行建筑物建设，应当申请办理建设工程规划许可证。第64条、第68条规定，城乡规划部门可以对违法建筑采取强制措施。当事人未经审批建设涉案房屋，行政机关作出《限期拆除决定书》，因其逾期未自行拆除，又作出《履行限期拆除决定催告书》，后行政机关作出《责成行政强制拆除决定书》对涉案房屋进行强制拆除。从上述过程来看，涉案强制拆除行为具有实体法上的根据。《行政强制法》第44条和第35条规定，行政机关作出《限期拆除决定书》时，告知申请行政复议和提起诉讼的权利；作出《履行限期拆除决定催告书》时，告知陈述权和申辩权。[②]

对《行政强制法》第44条“当事人在法定期限内不申请行政复议或者提起行政诉讼，又不拆除的，行政机关可以依法强制拆除”规定的理解，应当符合通常意义上对行政机关作出限期拆除决定与强制执行决定相互关系的理解。限期拆除决定是认定相对人建设行为是否合法以及是否负担限期拆除的行政法律行为，限期拆除决定的行政复议、诉讼届满或者合法性经生效行政复议决定、人民法院生效判决确认的，相对人应当在期限内拆除违法建筑物；行政机关作出强制执行决定的目的，是为实现限期拆除决定所设定的法律后果，其本身不对相对人的建设行为是否合

① 宋纲、贾亚强：《强制拆除违法建筑案件的司法审查》，载《人民司法》2012年第17期。

② 再审申请人翁梅华诉被申请人福建省福清市人民政府、福清市江阴镇人民政府行政强制案，中华人民共和国最高人民法院（2020）最高法行申1476号行政裁定书。

法作出认定，也不创设对建筑物实施拆除的义务。因此，上述规定应理解为"当事人在法定期限内对行政机关作出的限期拆除决定不申请行政复议或者提起行政诉讼，又不拆除的，行政机关可以依法强制拆除"。对于不同法律法规的规定，应当作出区分。例如行政机关对违反土地管理法的违法建筑作出的行政决定应申请法院强制执行。根据《行政强制法》第13条和《土地管理法》第83条的规定，对于违反《土地管理法》的违法建筑，作出行政决定的行政机关应当申请人民法院强制执行，而非行政机关自行强制执行。[①]

结合《城乡规划法》第64条、第68条，以及《行政强制法》第35条、第37条、第44条等规定，行政机关对相对人违反城乡规划建设行为的认定，以及组织对违法建筑物的强制拆除，应当遵循"违法建设行为认定（限期拆除决定）—强制执行事先催告—市、县级人民政府责成强制执行—决定强制执行—公告强制执行决定内容—组织实施强制执行"的行政执法顺序要求。其中，强制执行事先催告行为应当在限期拆除决定的行政复议、诉讼期限届满或者合法性经生效行政复议决定、人民法院生效判决确认后作出。行政机关强制执行不得扩大限期拆除决定确定的拆除范围，不得违法采取措施。建筑物内存放有相对人所有的物品等财产的，还应当进行现场清点登记和证据保全，依法妥善保管和将物品搬离至指定、封闭的场所，以充分体现对相对人合法财产权益的尊重和保护。[②]根据《行政强制法》第5条的规定，行政强制的实施应当适当，该法第4章规定了行政机关实施强制拆除行为，行政机关拆除违法建筑应当严格依照相关规定进行。强制拆除的对象是违法建筑本身，但组成建筑物的建筑材料及建筑内的物品，则属于当事人的合法财产。当事人因违法建筑所负的法律责任，不应当涉及其合法的私有财产。虽然《城乡规划法》《行政强制法》均未对行政强制执行的具体实施程序作出明确规定，但是参照《行政强制法》第3章关于行政强制措施实施程序的规

① 再审申请人朱占江诉被申请人朝阳市龙城区人民政府强制拆除行为并赔偿案，中华人民共和国最高人民法院（2018）最高法行申6111号行政裁定书。

② 上诉人启东市综合行政执法局诉被上诉人陈某行政强制及行政赔偿案，江苏省南通市中级人民法院（2021）苏06行终833号行政判决书。

定，结合《行政诉讼法》第38条第2款关于行政赔偿案件中因被告原因导致原告无法举证时由被告承担举证责任的精神，行政机关对违法建筑实施强制拆除的，手段、方式必须科学和适中，不得以野蛮方式实施强制拆除。对于建筑物内的物品，行政机关应当采用公证、见证等方式，进行清点造册、制作现场笔录、妥善保管并及时移交。如行政机关未依法履行上述程序，造成当事人合法财产损失的，则该强制拆除行为应予确认违法。在强制拆除过程中，行政机关应依法妥善处置并保全证据，以证明其在强制拆除过程中已尽慎重、妥善之注意义务，对违法建筑物中的合法财产已予清空并妥善处理。①

在国有土地上房屋征收中，合法建筑物的强制拆除，行政机关一般并无强制执行权，需要根据《行政强制法》《国有土地上房屋征收与补偿条例》以及《最高人民法院关于办理申请人民法院强制执行国有土地上房屋征收补偿决定案件若干问题的规定》，申请法院强制执行，其一般程序为：征收补偿决定—当事人不履行—催告—当事人仍不履行—申请法院强制执行—裁定准予执行—政府组织实施。按照上述法律程序，法院作出准予执行裁定后，一般应由作出征收补偿决定的市县政府组织实施。此后在强拆过程中发生纠纷，应当以作出决定并组织实施的政府为被告。在农村集体土地征收中，合法建筑物的强制拆除，行政机关一般并无强制执行权，需要根据《行政强制法》《土地管理法》《土地管理法实施条例》②，申请法院强制执行，其一般程序为：责令交出土地决定—当事人不履行—催告—当事人仍不履行—申请法院强制执行—裁定准予执行—土地行政主管部门实施。参照《最高人民法院关于办理申请人民法院强制执行国有土地上房屋征收补偿决定案件若干问题的规定》确立的裁执分离原则，应当由申请强制执行责令交出土地决定的土地行政主管部门实施。③

当建设行为正在进行时，行政机关为了阻止建设行为继续进行，可以责令改

① 再审申请人陈选金诉被申请人临武县人民政府、临武县城市管理行政执法局强制拆除行为违法及行政赔偿案，中华人民共和国最高人民法院(2018)最高法行申952号行政裁定书。

②《土地管理法实施条例》第45条规定："违反土地管理法律、法规规定，阻挠国家建设征收土地的，由县级以上人民政府土地行政主管部门责令交出土地；拒不交出土地的，申请人民法院强制执行。"

③ 多部门联合强制拆除或者强制拆除机关不明时，如何确定被告？

正、责令停止建设,这是一种行政强制措施,行政机关有权及时实施,以防止违法行为继续产生危害的后果。对于已经建设的建筑物或附属物,行政机关应当作出行政处罚,此后再按照行政强制法的规定,履行告知、强制拆除等程序。之所以作出这种区分,主要是基于不同的违法行为,采取不同性质的行政行为,具有不同的轻重缓急的特点,如紧急情况可采取行政强制措施,非紧急情况则采取行政处罚和行政强制执行。[①]

查处机关依法调查确认违法建设行为后,对在建的违法建设应当责令立即停止建设或者限期拆除,并可采取查封施工现场等措施。当事人拒不停止建设或者逾期不拆除的,应当依法采取强制拆除措施拆除在建的违法建(构)筑物。对已建成的违法建(构)筑物用作生产经营场所的,查处机关应当在调查确认后1个工作日内,书面通知相关行政审批部门及公共服务单位,各部门和单位自接到通知后3个工作日内,依职责采取相应措施。查处在建的违法建设,查处机关应当自发现违法建设之日起30日内作出行政处理决定;案情特别重大或者复杂的,经本机关主要负责人批准,可以适当延期,但延长期限不得超过30日。本办法另有规定的除外。查处已经建成的违法建(构)筑物,查处机关应当自发现违法建(构)筑物之日起60日内作出行政处理决定;案情特别重大或者复杂的,经本机关主要负责人批准,可以适当延期,但延长期限不得超过60日。查处机关调查处理违法建设过程中,需要查询规划、土地、房屋等相关行政审批信息、建设档案或者出具相关证明的,相关部门应予配合,按要求提供相关资料或者证明。查处机关经调查,无法确定违法建设当事人的,应当在违法建(构)筑物的显著位置张贴公告,同时在本级人民政府、本单位门户网站或者市级公开发行的报刊上刊登公告,督促当事人依法接受调查,公告期不少于60日。公告期届满仍无法确定当事人的,由查处机关报经同级人民政府批准后依法强制拆除或者没收。强制拆除违法建(构)筑物时,违法建(构)筑物的使用人应当按照查处机关规定的期限和要求搬离。

① 再审申请人新乡县朗公庙镇人民政府诉被申请人原素鱼、郭志权、刘小玲、郭书祥、郭永林、郭某强制拆除房屋及行政赔偿案,河南省高级人民法院(2021)豫行申217号行政裁定书。

5.3.2.2 违法建筑不同情形的适用

一是改正措施运用的情形。根据《关于规范城乡规划行政处罚裁量权的指导意见》的相关规定，违法建筑有下列情形之一的，属于尚可采取改正措施消除对规划实施的影响的情形，查处机关应当责令当事人采取改正措施，并依法作出处罚：(1)取得建设工程规划许可证或者乡村建设规划许可证，但未按照许可证的要求进行建设，在限期内采取改正措施能够符合规划许可证要求的；(2)未取得建设工程规划许可证或者乡村建设规划许可证即开工建设，但建设工程设计方案已经通过规划部门依法审定，建设内容符合审定的建设工程设计方案要求的；(3)未取得建设工程规划许可证或者乡村建设规划许可证，且建设工程设计方案未经规划部门依法审定，但建设内容符合控制性详细规划、修建性详细规划要求且不影响公共利益和他人合法利益的。采取改正措施后，保留的建(构)筑物应当符合建筑质量安全、消防安全等标准。在许多地方，规划处罚权和规划许可权分离，由不同的部门行使，能否补办规划手续，规划局说了算，所以规划处罚部门在作出处罚决定之前，书面征求规划许可部门的意见，复函明确可以补办手续后，规划处罚部门再作出“责令补办手续”的处罚决定。对按期改正违法建设部分的，处建设工程造价5%的罚款；对逾期不改正的，依法采取强制拆除等措施，并处建设工程造价10%的罚款。违法行为轻微并及时自行纠正，没有造成危害后果的，不予行政处罚。

二是无法采取改正措施的情形。违法建筑有下列情形之一的，属于无法采取改正措施消除对规划实施的影响的情形，[①]查处机关应当依法作出责令限期拆除及其他处罚决定：(1)未依法取得建设工程规划许可证或者乡村建设规划许可证，且不符合控制性详细规划的强制性内容或者超过规划条件确定的容积率、建筑密度、建筑高度的；(2)在已竣工验收的建设工程用地范围内擅自新建，或者利用建设工程擅自新建、扩建的；(3)存在建筑安全隐患、影响相邻建筑安全及无法满足消防、

① 这里的“无法采取改正措施消除影响的”，并非指建设时无法消除影响，而是指决定拆除时无法消除影响。再审申请人张增学诉被申请人广西壮族自治区南宁经济技术开发区管理委员会城乡规划行政处罚案，中华人民共和国最高人民法院(2017)最高法行申6323号行政裁定书。

电力等有关强制标准的;(4)侵占城镇道路、消防通道、广场、公园绿地等公共设施、公共场所用地的;(5)在具有革命历史纪念意义或者科学文化价值的建筑物、文物古迹、风景名胜保护范围内进行建设的;(6)其他无法采取改正措施消除对规划实施影响的情形。

三是没收实物或者违法收入的处罚。违法建(构)筑物有下列情形之一的,属于不能拆除的情形,查处机关应当依法作出没收实物或者违法收入等处罚:(1)因建(构)筑物不可分离性难以实施拆除,或者拆除影响其他部分安全的;(2)现有拆除技术条件或者地理环境无法实施拆除的;(3)拆除将对公共利益造成重大损害或者产生其他严重后果的。

《关于规范城乡规划行政处罚裁量权的指导意见》第8条[①]和《行政处罚法》关于处罚决定的规定,对存在违反城乡规划事实的建筑物、构筑物单体,作出《责令限期拆除决定书》。单体建筑是相对于建筑群而说的,建筑群中每一个独立的、不可分割部分的建筑物均可称为单体建筑。行政处罚时,坚持最小损害原则,针对独立的、不可分割部分的建筑物单体进行行政处罚。对按期拆除的,不予罚款;对逾期不拆除的,依法强制拆除,并处建设工程造价10%的罚款;对拆除违法建设可能影响相邻建筑安全、损害无过错利害关系人合法权益或者对公共利益造成重大损害的,不能拆除的,可以作出"没收违法建筑行政处罚决定",该处罚决定指向新建、扩建、改建并存在违反城乡规划事实的建筑物、构筑物单体。新建、扩建、改建并存在违反城乡规划事实的违法建筑已经销售的,按照该单体出售所得价款计算违法收入,处罚没收该违法收入并处建设工程造价10%以下的罚款。出售所得价款明显低于同类房地产市场价格的,处罚机关应当委托有资质的房地产评估机构评估确定。

5.3.2.3 督促程序的适用

在查处违法建筑时,应当督促违法建设者积极接受处理,县级以上人民政府督促有关部门履行查处违法建筑职责,[②]住建主管部门督促物业服务企业履行义

①《关于规范城乡规划行政处罚裁量权的指导意见》第8条规定:"对无法采取改正措施消除对规划实施影响的情形,首先以书面形式责令停止建设;不停止建设的,依法查封施工现场,将强制停止违法建设施工行为。"

②《遵义市违法建设治理条例》第4条规定:"县级人民政府负责领导本行政区域的城市、镇总体规划区和乡、村寨规划区违法建设治理工作,督促有关部门和乡镇人民政府预防、巡查、发现、制止、查处违法建设。"

务。[①]违建查处部门、乡镇人民政府可以向相关部门和单位通报违法建筑的当事人信息,由相关部门和单位根据当事人为企业、社会团体、宗教团体、国家机关工作人员、村民等工作生活情况,及时督促改正违法行为。如《清远市在建违法建设查处办法》第22条明确了不同督促程序的适用。[②]《常州市违法建设治理办法》第18条规定,执法部门之间建立综合管控机制,督促当事人消除安全隐患。[③]

5.3.2.4 无法确定当事人的强制拆除适用

对于违法建筑的拆除行为,如果能够确定当事人的,违建查处部门应当逐户制作限期拆除决定书,责令限期拆除后,建设单位或者个人逾期不拆除且未申请行政复议、提起行政诉讼的,违建查处部门应当立即向本级人民政府(管委会)报告。本级人民政府(管委会)应当自收到报告之日可以责成有关行政执法机关依法强制拆除。违法建设限期拆除处理决定作出后,经催告,当事人仍不履行政处理决定,且无不正当理由的,行政执法机关可以作出强制拆除决定,并发布载明强制拆除法律依据、实施时间、违法建筑内财物搬离期限等内容的强制拆除公告。[④]根据《行政强制法》第38条和《民事诉讼法》第89条的相关规定[⑤],在违法建筑查处中,当事人拒不到场的,应当"张贴送达",办理证据保全。

①《成都市违法建设治理条例》第10条规定:"住建主管部门应当加强建设工程施工现场检查,督促物业服务企业或者其他管理人履行本条例第八条规定义务。"

②《清远市在建违法建设查处办法》第22条规定:"违建查处部门、乡镇人民政府可以向相关部门和单位通报在建违法建设的当事人信息,由相关部门和单位督促当事人及时改正违法行为:(一)当事人为国家机关、事业单位、国有企业的,由当事人的上级机关、主管部门督促;(二)当事人为非国有企业的,由相关行业主管部门督促;(三)当事人为社会团体的,由主管部门以及民政部门督促;(四)当事人为宗教团体的,由宗教事务主管部门督促;(五)当事人为国家机关、事业单位、国有企业工作人员的,由所在单位督促;(六)当事人为农村村民或者城镇居民且该违法建设在其所在村(居)的,由当事人所在村(居)民委员会督促。"

③《常州市违法建设治理办法》第18条规定:"对于无法采取改正措施消除对规划实施的影响,但又不能拆除的违法建设,城市管理行政执法部门在依法处置前,应当会同违法建设所在地镇人民政府(街道办事处)建立综合管控机制,将违法建设纳入监管,督促当事人消除安全隐患。"

④ 参见《肇庆市控制和查处违法建设办法》第25条和第26条。

⑤《行政强制法》第38条规定:"催告书、行政强制执行决定书应当直接送达当事人。当事人拒绝接收或者无法直接送达当事人的,应当依照《中华人民共和国民事诉讼法》的有关规定送达。"

《民事诉讼法》第89条规定:"受送达人或者他的同住成年家属拒绝接收诉讼文书的,送达人可以邀请有关基层组织或者所在单位的代表到场,说明情况,在送达回证上记明拒收事由和日期,由送达人、见证人签名或者盖章,把诉讼文书留在受送达人的住所;也可以把诉讼文书留在受送达人的住所,并采用拍照、录像等方式记录送达过程,即视为送达。"

但是对于无法确定当事人的强制拆除如何进行适用，实践中形式不一（见表19）。有的规定公告期限不少于30日，有的规定公告期限不少于60日，有的规定公告期限不少于15日，公告期限不明确给当事人的合法权益造成了重大损害。因此，对于难以查明违建者的情形则可设定合理公告期限，其后按无主房屋处理，如此针对性会更强。按照《民事诉讼法》第95条的规定："受送达人下落不明，或者用本节规定的其他方式无法送达的，公告送达。自发出公告之日起，经过30日，即视为送达。"基于以上分析，立法应当明文规定，列举如下："无法确定违法建设单位和个人的，违建查处部门应当在违法建设显著位置张贴公告并且在当地主要报刊、政府门户网站、本部门网站发布公告，督促违法建设单位和个人依法接受处理，公告期限不少于30日。公告期限届满仍无法确定违法建设单位和个人的，或者违法建设单位和个人拒不接受处理的，如不及时拆除违法建设可能影响安全、交通等的，违建查处部门可以在公证机构办理证据保全手续后予以强制拆除。违法建设可能影响安全、交通等的，违建查处部门应当征询相关部门或者单位的意见，相关部门或者单位在评估违法建设对安全、交通等造成的影响的基础上，及时书面回复。"

表19 无法确定当事人表

立法名称	内容
《本溪市禁止居住区违法建设若干规定（试行）》	第9条规定："无法确定违法建设的建设单位或者所有人、管理人的，违法建设所在地的区人民政府可通过媒体或在违法建设所在地发布公告，督促违法建设单位或其所有人、管理人依法接受处理，公告期限不得少于15日。公告期限届满，仍无法确定建设单位、所有人、管理人或其拒不接受处理的，可经区人民政府批准后强制拆除。"
《常州市违法建设治理办法》	第14条规定："无法确定当事人的，城市管理行政执法部门应当在其网站和违法建设现场，或者违法建设所在地县级以上媒体发布公告，要求限期处理，公告期限不得少于六十日；公告期满仍无法确定当事人的，城市管理行政执法部门可以在公证机构办理证据保全手续后，依法予以处理。"
《成都市违法建设治理条例》	第25条规定："对无法确定当事人的违法建设，查处机关应当在县级以上公共媒体和违法建设所在地发布公告，要求限期处理，公告期限为六十日；公告期满后仍无法确定当事人的，查处机关可以在公证机构办理证据保全手续后，依法予以处理。"

续表：

立法名称	内容
《楚雄彝族自治州违法建筑处置办法》	第19条规定："无法确定违法建筑建设单位、所有人、管理人的，应当在违法建筑上张贴公告，同时在当地政府网站等新闻媒体上公告，督促建设单位或者所有人、管理人依法接受调查，公告期不少于15日。公告期届满仍无法确定建设单位或者所有人、管理人的，由违法建筑处置部门或者乡镇人民政府报经县级以上人民政府批准后强制拆除或者没收。"
《达州市违法建设治理办法》	第32条规定："无法确定违法建设的建设人、所有人或者管理人的，查处机关应当在违法建设所在地显著位置张贴公告，并在政府门户网站、查处机关网站或者新闻媒体发布公告，督促违法建设当事人依法接受处理。 公告期限届满仍无法确定违法建设的建设人、所有人或者管理人的，由查处机关依法予以处理。"
《鄂州市控制和查处违法建设办法》	第21条规定："违建执法机关无法确定违法建设当事人的，应当通过政府网站、公示栏、媒体发布公告，并在该违法建设场地醒目位置张贴等，督促违法建设当事人依法接受处理，公告期不少于60日。"
《佛山市违法建设查处办法（2019年修正）》	第30条规定："未依法取得有关规划许可证的在建或者建成项目，对无法确定建设单位或者个人的，城市管理和综合执法部门、镇人民政府应当在该违法建设现场显著位置张贴公告，并且在本地主要报纸或者市政府网站等公共媒体发布公告，督促责任人依法接受处理，公告期不少于30日。公告期届满，仍无法确定责任人的，由城市管理和综合执法部门、镇人民政府依法对违法建设实施强制拆除。"
《广州市违法建设查处条例（2020年修正）》	第28条规定："城市管理综合执法机关、镇人民政府无法确定违法建设责任人的，应当通过在该建设工程显著位置张贴公告并且在本地主要报刊、本部门网站发布公告等形式督促责任人依法接受处理，公告期不得少于三十日。公告期届满，仍无法确定责任人或者责任人拒不接受处理的，由城市管理综合执法机关或者镇人民政府依法将违法建设强制拆除或者没收。 无法确定建设单位或者个人的违法建设，可以向公证机关办理证据保全手续后依法予以拆除。"
《桂林市违法建设防控和查处条例》	第14条规定："城乡规划主管部门或者乡（镇）人民政府经现场调查和向建设项目所在地村（居）民委员会等基层组织调查，无法确定违法建设单位、所有人、管理人的，应当在违法建筑物、构筑物上发布公告，同时在城乡规划主管部门、乡（镇）人民政府网站或者市级公开发行的报刊上刊登公告，督促建设单位或者所有人、管理人依法接受调查，公告期不少于十五日。公告期间届满，仍无法确定建设单位、所有人、管理人或者建设单位、所有人、管理人拒不接受处理的，报经县级以上人民政府批准后强制拆除或者没收。"

续表：

立法名称	内容
《哈尔滨市违法建设防控和查处条例》	第16条规定："违法建设的所有人为违法建设的当事人。 无法确定当事人的，防控查处机关应当在违法建设现场显著位置或者违法建设所在地县级以上公共媒体发布公告，督促当事人接受处理，责令其限期拆除违法建设，告知其逾期不拆除的，防控查处机关将依法实施强制拆除或者没收。公告期限不得少于六十日。 公告期满仍无法确定当事人的，防控查处机关可以在公证机构办理证据保全手续后，向本级人民政府报告，根据人民政府作出的拆除决定依法实施强制拆除；不能拆除的，依法予以没收。"
《海口市防控和处置违法建筑若干规定》	第23条规定："违法建筑无法确定建设单位或者个人的，城管执法部门或者主城区以外的镇人民政府应当通过在该违法建筑显著位置张贴公告并且在本地主要报刊、本部门网站发布公告等形式督促建设单位或者个人依法接受处理，公告期不得少于十五日。公告期满，仍无法确定建设单位或者个人的，由城管执法部门或者主城区以外的镇人民政府向公证机关办理证据保全手续后将违法建筑依照法律规定的程序予以拆除或者没收。"
《泸州市违法建设治理条例》	第24条规定："无法确定违法建(构)筑物的建设者、所有人、管理人的，查处机关可以在公共媒体或者违法建(构)筑物所在地显著位置发布公告，督促建设者、所有人、管理人依法接受处理，公告期限不得少于六十日。 公告期限届满仍无法确定建设者、所有人、管理人的，由查处机关报同级人民政府批准后，对违法建(构)筑物依法组织拆除。"
《内江市违法建设治理条例》	第24条规定："无法确定违法建设当事人的，城市管理行政执法主管部门或者镇人民政府应当在市、县(市、区)人民政府网站、新闻媒体和违法建设所在地显著位置发布公告，督促当事人限期依法处理，公告期限不得少于六十日。 公告期届满，仍无法确定当事人的，应当依法拆除或者没收。"
《清远市在建违法建设查处办法》	第20条规定："违建查处部门无法确定违法建设责任人的，应当通过在该建设工程显著位置张贴公告并且在本地主要报刊、本部门网站发布公告等形式督促责任人依法接受处理，公告期不得少于30日。 公告期届满仍无法确定责任人的，违建查处部门可以在向公证机关办理证据保全手续后依法予以拆除或者没收。"
《铜仁市违法建筑查处办法》	第12条规定："无法确定建设单位或个人的，负有查处职责的行政主管部门或者乡镇人民政府应当在违法建筑现场和公共媒体发布公告，要求当事人限期依法接受处理，公告时间不少于15日，公告期届满仍然无法确定建设单位或者个人的，依法拆除。"

续表：

立法名称	内容
《无锡市违法建设治理办法》	第27条规定："无法确定违法建设的建设者、所有人、管理人的，查处机关可以在违法建设所在地显著位置或者公共媒体发布公告，督促建设者、所有人、管理人依法接受处理；公告期限不得少于60日。 公告期限届满仍无法确定建设者、所有人、管理人的，经市(县)、区人民政府同意，查处机关依法强制拆除。"
《武汉市控制和查处违法建设条例》	第20条规定："执法机关无法确定违法建设当事人的，应当通过政府网站、公示栏、有关媒体并在该违法建设场地醒目位置发布公告等，督促违法建设当事人依法接受处理，公告期不少于六十日。公告期届满，仍无法确定违法建设当事人的，由执法机关依法予以处理。"
《襄阳市防控和查处违法建设办法》	第29条规定："查处违法建设时，无法确定其所有人、管理人的，应当通过政府网站、公示栏、有关媒体并在该违法建设现场醒目位置发布公告等，督促当事人依法接受处理。公告期不得少于60日。 公告期限届满仍无法确定违法建设当事人的，或者违法建设当事人拒不接受处理的，如不及时拆除违法建设可能影响安全、交通等的，行政执法机关可以在公证机构办理证据保全手续后予以强制拆除。 拆除违法建设可能影响安全、交通等的，行政执法机关应当征询相关部门或者单位的意见，相关部门或者单位应在5个工作日内书面回复。"
《宜昌市禁止违法建设管理办法》	第18条规定："查处机关经调查，无法确定违法建设当事人的，应当在违法建(构)筑物的显著位置张贴公告，同时在本级人民政府、本单位门户网站或者市级公开发行的报刊上刊登公告，督促当事人依法接受调查，公告期不少于六十日。公告期届满仍无法确定当事人的，由查处机关报经同级人民政府批准后依法强制拆除或者没收。强制拆除违法建(构)筑物时，违法建(构)筑物的使用人应当按照查处机关规定的期限和要求搬离。"
《长春市制止违法建设、拆除违法建筑若干规定》	第16条规定："拆除无法确定所有人的违法建筑，区人民政府应当在有关媒体发布拆除公告，公告期限不得少于七日。公告期满后，仍无法确定其所有人的，可以依法按照无主违法建筑进行处理。"
《肇庆市控制和查处违法建设办法》	第28条规定："无法确定违法建设单位和个人的，违建查处部门应当在违法建设显著位置张贴公告并且在当地主要报刊、政府门户网站、本部门网站发布公告，督促违法建设单位和个人依法接受处理，公告期限不少于30日。 公告期限届满仍无法确定违法建设单位和个人的，或者违法建设单位和个人拒不接受处理的，如不及时拆除违法建设可能影响安全、交通等的，违建查处部门可以在公证机构办理证据保全手续后予以强制拆除。 违法建设可能影响安全、交通等的，违建查处部门应当征询相关部门或者单位的意见，相关部门或者单位在评估违法建设对安全、交通等造成的影响的基础上，及时书面回复。"

续表：

立法名称	内容
《遵义市违法建设治理条例》	第30条规定："对经责令限期拆除而逾期未自行拆除的违法建（构）筑物或者未完工违法建设进行强制拆除，应当按照下列程序实施： （五）无法确定违法建设责任人的，综合行政执法部门应当在违法建设现场显著位置张贴公告，并在本地主要报刊或者门户网站发布公告，督促责任人依法接受处理。公告期不得少于60日。公告期限届满后仍无法确认违法建设责任人的，由综合行政执法部门报请县级以上人民政府依法作出强制执行决定；"
《贵阳市违法建设查处规定》	第16条规定："无法确定违法建设当事人的，综合行政执法部门、乡镇人民政府应当在违法建设现场显著位置张贴公告，并在县级以上人民政府门户网站和市级主要报刊发布公告，要求限期处理，公告期限不得少于30日。公告期限届满，仍无法确定违法建设当事人的，综合行政执法部门、乡镇人民政府可以在公证机构办理证据保全手续后，依法处理。"
《吕梁市控制和查处违法建设条例》	第24条规定："规划主管部门或者乡（镇）人民政府无法确定违法建设责任人的，应当通过在违法建设工程的显著位置张贴公告并且在所在地主要报刊、政府网站发布公告等形式，督促责任人依法接受处理，公告期不得少于六十日。 公告期届满仍无法确定责任人或者责任人拒不接受处理的，规划主管部门或者乡（镇）人民政府应当向市、县（市、区）人民政府报告，并根据市、县（市、区）人民政府作出的决定，依法实施强制拆除，不能拆除的，依法予以没收。"
《青岛市违法建设治理条例》	第27条规定："对因历史原因无法确定当事人的违法建设，查处机关应当在本市行政区域内公开发行的报纸、查处机关网站和违法建设现场发布公告，要求限期处理，公告期限不少于三十日；公告期满后仍无法确定当事人的，查处机关可以经公证机构办理证据保全手续后，依法予以处理。"
《贺州市违法建设防控和查处条例》	第14条规定："对无法确定违法建设工程的建设单位或者所有人、管理人的，防控查处机关可以在违法建设现场显著位置或者违法建设所在地县级以上公共媒体发布公告，督促建设单位或者其所有人、管理人依法接受处理，公告期间不得少于十五日。公告期间届满，仍无法确定建设单位、所有人、管理人或者建设单位、所有人、管理人拒不接受处理的，报经县级以上人民政府批准后强制拆除或者没收。"
《连云港市违法建设控制和查处管理办法》	第30条规定："无法确定当事人的，违建执法机关应当在违法建设现场，或者违法建设所在地县级以上公共媒体发布公告，要求建设单位或者自然人依法接受处理，公告期限不少于30日。公告期满仍无法确定当事人的，违建执法机关依法予以处理。"

5.3.2.5 强制拆除中财产处置程序的适用

根据《城乡规划法》第68条规定，规划部门对已建成的违法建筑物、构筑物、设施等作出的限期拆除决定，县级以上地方人民政府可以责成有关部门强制拆除。结合《行政强制法》第44条规定，作出限期拆除决定的规划部门应当对强制拆除决定予以公告，限期当事人自行拆除。逾期不自行拆除，且对规划部门作出的限期拆除决定申请行政复议或提起行政诉讼的法定期限届满后，县级以上人民政府责成的具有强制执行权的行政机关，有权依照《行政强制法》的规定自行强制执行。同时，《城乡规划法》第68条还就在建违法建筑物、构筑物、设施规定，规划部门有权对其作出责令停止建设或限期拆除的法定职权。逾期不自行拆除，县级以上人民政府责成的有关部门有权采取查封施工现场、强制拆除在建违法建筑物、构筑物、设施等行政强制措施。有关部门对在建违法建筑物、构筑物、设施等采取查封或强制拆除行政强制措施的，不受《行政强制法》第44条规定的复议或起诉期限届满限制。土地管理部门依照土地管理法对违法建筑物、构筑物、设施等作出的限期拆除决定，依法不享有强制执行权。经公告期满相关当事人不自行拆除的，申请行政复议或提起行政诉讼的法定期限届满后3个月内，土地管理部门有权依照《行政强制法》规定申请人民法院非诉执行。[①]可见，强制拆违行为包含两个行为，即责成行为和拆违实施行为。责成行为作出的主体是区县人民政府，强制拆违行为的作出主体是拆违实施部门。前一行为是后一行为的前提和权力来源，后一行为是对前一行为的执行和实施。[②]

市管理行政执法主管部门、镇人民政府对依法认定的违法建设，作出限期拆除决定的，当事人应当在规定的期限内自行拆除，恢复原状。当事人逾期不拆除的，城市管理行政执法主管部门、镇人民政府应当依法履行催告、公告程序。在法定期限内当事人不申请行政复议或者提起行政诉讼，又不拆除的，由违法建设所在地县（市、区）人民政府责成城市管理行政执法主管部门、镇人民政府或者有关部门依法

①《最高人民法院第一巡回法庭关于行政审判法律适用若行政诉讼案例干问题的会议纪要：如何理解适用<城乡规划法>第68条和<行政强制法>第44条的规定?》，载微信公众号“行政诉讼案例”，2022年11月7日。

② 王岩：《强制拆除违法建筑案件若干问题探析》，载《法律适用》2011年第9期。

拆除，必要时可由县(市、区)人民政府组织城市管理行政执法主管部门、镇人民政府或者有关部门联合实施拆除。违法建设被强制拆除时不予补偿；政府在依法实施土地或者房屋征收、征用时，违法建设不属于补偿范围。出于交易安全和财产保护的需要，违法建筑的买卖合同应属于有效合同。物权上的登记具有公法性质，具有公示对抗效力，违法建筑不能办理登记。两者是房屋买卖的两个过程，互不冲突、互不影响。对于违法建筑拆除后的建筑材料，虽然作为违法工具，但应当属于法律保护的合法财产，所有权归属于原权利人。在拆除过程中，需要赋予当事人"自行拆除权"，考虑建筑材料的可回收性，避免对建筑材料造成不必要的损害，将建材损失降到最低。因行政执法机关拆除方式明显不当或不符合比例原则，造成可回收、利用的废旧建筑材料及附属设施灭失以及损失扩大的，应当给予行政赔偿。损失扩大等于现有损失减适当强制拆除下的损失。[①]

但是对于财产如何进行处置，规定则不同(见表20)。为此，需要作出明确规定："当事人在强制拆除公告规定的期限内没有搬离违法建筑内的财物，行政执法机关可以在公证机构公证或者无利害关系的第三方见证下，将财物登记造册，保管存放，通知当事人领取。物品清单一式两份，并载明下列事项：(1)当事人姓名或者名称、地址；(2)财物名称、数量和完好程度；(3)当事人取回财物的时间；(4)行政机关的名称、日期。当事人在半年内未认领财物的，按照无主财产确认的法律程序处理。实施强制拆除的，行政执法机关应当书面告知违法建设行为人到场。违法建设行为人是公民的，通知本人或者其成年家属到场；违法建设行为人是法人或者其他组织的，通知其法定代表人或主要负责人到场。违法建设行为人拒不到场的，在公证机构公证或者无利害关系第三方见证下实施强制拆除。强制拆除违法建筑，应当制作笔录，并拍照和录像。临时保管费用和因逾期不领取造成的损失，由当事人承担，但是因执法机关的过错造成损失的，执法机关应当依法赔偿。鲜活物品和其他不易保管的物品，可先行拍卖或者变卖。"涉案建筑被按拆除违章建筑的程序实施强制拆除时，行政机关有录像、公证

① 肖洒：《违法建筑上合法权益的行政赔偿——张文胜诉沈阳市于洪区人民政府行政赔偿案评析》，载《行政法学研究》2021年第2期。

等形式对屋内物品予以记录,在安置保管期间也通知当事人领取,而当事人未能提供相关屋内物品损失的证据。故当事人关于室内物品未予赔偿的请求,不予支持。①

表20 财产处置程序适用表

立法名称	内容
《常州市违法建设治理办法》	第17条规定:“强制拆除实施机关实施强制拆除应当遵循下列规定: (一)实施强制拆除前组织制定强制拆除预案,必要时进行社会风险评估; (二)实施强制拆除时,违法建设当事人是个人的,应当提前通知违法建设当事人本人或者其同住成年家属;违法建设当事人是法人或者其他组织的,应当提前通知其法定代表人或者主要负责人;违法建设当事人拒不到场的,应当在公证机构公证或者无利害关系的第三方见证下,实施强制拆除; (三)违法建设当事人未在规定期限内将违法建设内财物搬离的,可以在公证机构公证或者无利害关系的第三方见证下,将财物登记造册,并运送他处存放,通知违法建设当事人领取;违法建设当事人拒绝领取的,依法办理提存手续; (四)制作强制拆除现场笔录并全程录像; (五)法律法规规定的其他要求。”
《成都市违法建设治理条例》	第26条规定:“实施强制拆除应当遵循下列规定: (一)实施强制拆除前组织制定强制拆除预案,必要时进行社会风险评估; (二)实施强制拆除时,应当提前通知违法建设当事人,违法建设当事人拒不到场的,应当在无利害关系人的见证或者公证机构公证下实施强制拆除; (三)违法建设当事人未在规定期限内将违法建设内财物搬离的,应当在无利害关系人的见证或者公证机构公证下将财物登记造册、妥善保管,并通知违法建设当事人领取,逾期不领取的,对鲜活物品或者其他不易保管的财物,依法进行拍卖或者变卖,并依法办理提存手续; (四)全过程记录强制拆除现场情况; (五)法律法规规定的其他要求。”
	第31条规定:“违法建设当事人在强制拆除决定规定的期限内没有搬离违法建筑内的财物,查处机关可以在公证机构公证或者无利害关系的第三方见证下,将财物登记造册,保管存放,通知违法建设当事人领取。 实施强制拆除的,查处机关应当书面告知违法建设当事人到场。违法建设当事人是个人的,应当提前通知违法建设当事人本人或者其成年家属到场;违法建设当事人是法人或者其他组织的,应当提前通知其法定代表人或者主要负责人到场。违法建设当事人拒不到场的,应当在公证机构公证或者无利害关系的第三方见证下,依法实施强制拆除。 强制拆除违法建设,应当制作笔录、拍照,并全程录音录像。”

① 再审申请人李康太诉被申请人广东省湛江市坡头区人民政府、广东省湛江市城市管理和综合执法局(原广东省湛江市城市综合管理局)及原审第三人广东省湛江市坡头区南调街麻西社区居民委员会三柏西第一居民小组行政强制及赔偿案,中华人民共和国最高人民法院(2020)最高法行申8291号行政裁定书。

续表：

立法名称	内容
《鄂州市控制和查处违法建设办法》	第22条规定："在依法处置违法建设前，违建执法机关应当通知违法建设当事人及时清理违法建设内的物品；拒不清理的，应当制作物品清单，由当事人签字确认，当事人不签字的，可以由违法建设所在地居民委员会、村民委员会、物业服务企业确认或者由公证机构现场公证后，由违建执法机关代为保管，并通知当事人限期领取。逾期不领取的，由违建执法机关依法处置。"
《佛山市违法建设查处办法（2019年修正）》	第27条规定："城市管理和综合执法部门、镇人民政府应当书面通知当事人在强制拆除违法建设前自行搬出财物。当事人拒不搬出财物的，应当对其财物进行登记、制作物品清单。物品清单一式两份，并载明下列事项： （一）当事人姓名或者名称、地址； （二）财物名称、数量和完好程度； （三）当事人取回财物的时间； （四）行政机关的名称、日期。 物品清单应当经当事人签名或者盖章，当场交付当事人。当事人不到场或者拒绝签名的，可以由基层群众自治组织代表见证或者由公证机构现场公证后，由执法机关代为临时保管并通知当事人领取。当事人应当在强制拆除之日起60日内到指定的地点领取，因逾期不领取造成的损失，由当事人承担。因执法机关过错造成损失的，执法机关应当依法赔偿。"
《广州市违法建设查处条例（2020年修正）》	第23条规定："城市管理综合执法机关或者镇人民政府应当书面通知当事人在强制拆除违法建筑物、构筑物前自行搬出财物。当事人拒不搬出财物的，应当对其财物进行登记、制作物品清单。物品清单应当加盖行政机关印章，并载明下列事项： （一）当事人姓名或者名称、地址； （二）财物的名称、种类、规格、数量和完好程度； （三）当事人取回财物的途径和时间； （四）行政机关的名称、日期。 物品清单应当经当事人签名或者盖章，当场交付当事人。当事人不到场或者拒绝签名的，可以由无利害关系的见证人签名或者盖章见证或者由公证机构现场公证后，由执法机关代为临时保管。当事人应当在强制拆除之日起三十日内到指定的地点领取，逾期不领取的，执法机关应当发布招领公告，当事人应当在发布招领公告之日起六十日内领取，临时保管费用和因逾期不领取造成的损失，由当事人承担，但是因执法机关的过错造成损失的，执法机关应当依法赔偿。"

续表：

立法名称	内容
《桂林市违法建设防控和查处条例》	第16条规定："实施强制拆除前，应当责令当事人限期自行搬出违法建设内的物品。当事人逾期不搬出物品的，应当通知当事人同时邀请基层组织代表或者公证机关到场见证，对相关物品进行登记，并将物品和清单当场交付当事人。当事人拒不领取的，通知其十日内到指定地点领取搬出的物品。逾期不领取的，实施强制拆除的机关应当在十个工作日内移交同级人民政府指定的部门依照有关规定进行处置。鲜活物品和其他不易保管的物品，可先行拍卖或者变卖。"
《哈尔滨市违法建设防控和查处条例》	第20条规定："强制拆除违法建设时，防控查处机关应当通知当事人到场并取走违法建设内的财物。当事人拒不到场或者拒绝取走物品的，防控查处机关应当将物品登记、临时保管，并通知当事人三十日内领取；当事人逾期不领取的，防控查处机关可以依法处置。"
《河池市违法建设防控和查处条例》	第29条规定："已建成的违法建设当事人未在强制拆除公告载明的期限内搬离违法建设内财物的，城市管理主管部门或者乡（镇）人民政府可以在公证机构公证或者无利害关系第三方的见证下，将财物登记造册，另存他处，并通知当事人领取。当事人拒绝领取的，依法处理。"
《衡阳市违法建设防控与查处条例》	第21条规定："对违法建设实施拆除的，查处部门、乡（镇）人民政府应当通知当事人搬离违法建筑物内的财物；拒不搬离的，应当制作财物清单，由当事人签字确认；当事人拒不签字的，应当在公证机构公证或者无利害关系第三方见证下，将财物登记造册、存放，并通知领取。当事人未及时领取产生的保管费用和造成的损失由当事人承担。"
《黄冈市违法建设治理条例》	第25条规定："实施强制拆除应当遵循下列规定： （一）违法建设当事人是个人的，查处机关应当通知违法建设当事人本人或者同住成年家属到场；违法建设当事人是法人或者其他组织的，通知其法定代表人或者主要负责人到场。违法建设当事人拒不到场的，查处机关应当在无利害关系人的见证或者公证机构公证下实施强制拆除； （二）违法建设当事人未在规定期限内将违法建设内财物搬离的，查处机关应当在无利害关系人的见证或者公证机构公证下，将财物登记造册，运送他处存放，并通知违法建设当事人领取；逾期不领取的，对鲜活物品或者其他不易保管的财物，由查处机关依法进行拍卖或者变卖，并依法办理提存手续； （三）查处机关应当制作现场笔录并全程录像； （四）法律法规的其他规定。"

续表:

立法名称	内容
《泸州市违法建设治理条例》	第25条规定:“实施强制拆除时,具有强制拆除权的机关应当责令当事人搬出违法建(构)筑物内的财物。当事人拒不搬出的,具有强制拆除权的机关应当通知当事人,同时邀请基层组织代表到场见证或者申请公证机构到场公证,对相关财物进行清点登记,并将物品和清单交付当事人。 当事人拒不到场或拒不接收的,通知其七日内到指定地点领取相关财物。逾期不领取的,对易腐烂、易变质的物品,由具有强制拆除权的机关依法进行拍卖或者变卖。”
《南宁市违法建设查处条例》	第22条规定:“实施强制拆除的机关应当责令当事人限期自行搬出违法建(构)筑物内的财物。当事人逾期不搬出财物的,实施强制拆除前应当通知当事人,同时邀请基层组织代表或者公证机关到场见证,对相关财物进行登记,并将物品和清单当场交付当事人。 当事人拒不到场的,通知其十日内到指定地点领取违法建构(筑)物内搬出的财物。逾期不领取的,实施强制拆除的机关应当在十个工作日内移交财政等有关部门参照本市处理查封扣押物品的相关规定进行处理。鲜活物品和其他不易保管的物品,可先行拍卖或者变卖。”
《内江市违法建设治理条例》	第21条规定:“实施强制拆除的部门,应当书面告知违法建设当事人到场;当事人不到场的,应当在违法建设所在地基层组织代表或者无利害关系第三方见证下,实施强制拆除。 当事人未在规定期限内将违法建设内物品搬离的,可以在违法建设所在地基层组织代表或者无利害关系第三方见证下,将物品登记造册,妥善存放,并告知当事人十五日内到指定地点领取。逾期不领取的,实施强制拆除的部门应当依照有关规定处理。 鲜活物品和其他不易保管的物品,可先行拍卖或者变卖。”
《铜仁市违法建筑查处办法》	第16条规定:“对违法建筑实施强制拆除前,应当通知建设单位或者个人在一定期限内自行搬出违法建筑物内的财物,逾期未搬出的,在公证机构公证或者无利害关系人见证下,由实施强制拆除的行政主管部门或者乡镇人民政府登记造册、妥善保存,并告知建设单位或个人认领。”

续表：

立法名称	内容
《乌鲁木齐市查处违法建筑条例》	第17条规定："行政综合执法机关、城乡规划行政主管部门或者乡、镇人民政府应当书面通知当事人在强制拆除违法建筑物、构筑物前自行搬出财物。当事人拒不搬出财物的，应当对其财物进行登记、制作物品清单。物品清单应当加盖行政机关印章，并载明下列事项： （一）当事人姓名或者名称、地址； （二）财物的名称、种类、规格、数量和完好程度； （三）当事人取回财物的途径和时间； （四）行政机关的名称、日期。 物品清单应当经当事人签名或者盖章，当场交付当事人。当事人不到场或者拒绝签名的，可以由无利害关系的见证人签名或者盖章见证或者由公证机构现场公证后，由行政综合执法机关、城乡规划行政主管部门或者乡、镇人民政府代为临时保管。当事人应当在强制拆除之日起三十日内到指定的地点领取，逾期不领取的，行政综合执法机关、城乡规划行政主管部门或者乡、镇人民政府应当发布招领公告，当事人应当在发布招领公告之日起六十日内领取，临时保管费用和因逾期不领取造成的损失，由当事人承担，但是因行政综合执法机关、城乡规划行政主管部门或者乡、镇人民政府的过错造成损失的，执法机关应当依法赔偿。"
《武汉市控制和查处违法建设条例》	第23条规定："对违法建设实施查封或者强制拆除的，执法机关应当通知违法建设当事人清理违法建设内的物品。违法建设当事人拒不清理的，执法机关应当制作物品清单，代为临时保管物品，并通知当事人限期领取；逾期不领取的，执法机关可以在留存证据后根据实际情况妥善处置。 前款规定的物品清单应当由违法建设当事人签字确认；当事人不签字的，可以由违法建设所在地居民委员会、村民委员会对物品清点过程予以见证或者由公证机构予以公证。"
《襄阳市防控和查处违法建设办法》	第28条规定："当事人在强制拆除公告规定的期限内没有搬离违法建设内的财物，行政执法机关可以在公证机构公证或者无利害关系的第三方见证下，将财物登记造册，保管存放，通知当事人领取。当事人在6个月内未认领财物的，按照相关法律程序处理。 实施强制拆除的，行政执法机关应当书面告知违法建设行为人到场。违法建设行为人是个人的，通知本人或者其成年家属到场；违法建设行为人是法人或者其他组织的，通知其法定代表人或主要负责人到场。违法建设行为人拒不到场的，在公证机构公证或者无利害关系第三方见证下实施强制拆除。 强制拆除违法建设，应当制作笔录，并拍照和录像。"

续表：

立法名称	内容
《宜昌市禁止违法建设管理办法》	第26条规定："违法建设当事人未在强制拆除公告载明的期限内搬离违法建(构)筑物内财物的，查处机关实施强制拆除前应当通知当事人，同时邀请基层组织代表或者公证机构现场见证，对相关财物进行登记，并将物品和清单当场交付当事人签收。 当事人不到场或者拒绝签收的，经现场见证后，由查处机关代为临时保管相关财物，并通知当事人在三十日内到指定地点领取财物；逾期不领取的，查处机关按照相关法律程序依法处理。临时保管费用和因逾期不领取造成的损失，由当事人承担，但因行政执法机关的过错造成损失的，行政执法机关应当依法赔偿。"
《长春市制止违法建设、拆除违法建筑若干规定》	第17条规定："强制拆除违法建筑时，区职能部门应当通知当事人取走违法建筑内的财物，当事人未取走的，应当进行登记，妥善保管，并通知当事人在限定的期限内领取。当事人逾期未领取的，区职能部门应当经过公证、留存证据后根据实际情况妥善处置。 强制拆除无主违法建筑时，区职能部门还应当依法对强制拆除的违法建筑及其财物进行公证。"
《肇庆市控制和查处违法建设办法》	第27条规定："当事人在强制拆除公告规定的期限内没有搬离违法建筑内的财物，行政执法机关可以在公证机构公证或者无利害关系的第三方见证下，将财物登记造册，保管存放，通知当事人领取。当事人在半年内未认领财物的，按照无主财产确认的法律程序处理。 实施强制拆除的，行政执法机关应当书面告知违法建设行为人到场。违法建设行为人是公民的，通知本人或者其成年家属到场；违法建设行为人是法人或者其他组织的，通知其法定代表人或主要负责人到场。违法建设行为人拒不到场的，在公证机构公证或者无利害关系第三方见证下实施强制拆除。 强制拆除违法建筑，应当制作笔录，并拍照和录像。"
《资阳市违法建设治理办法》	第25条规定："实施强制拆除时，执行机关应当责令当事人搬出违法建(构)筑物内的财物。当事人拒不搬出的，执行机关应当通知当事人，同时邀请基层组织代表到场见证或者申请公证机构到场公证，对相关财物进行清点登记，并将物品和清单交付当事人。 当事人拒不到场或拒不接收的，通知其7个工作日内到指定地点领取相关财物。逾期不领取的，对易腐烂、易变质的物品，可以依法进行保价处理。"

续表：

立法名称	内容
《遵义市违法建设治理条例》	第28条规定："对正在进行的违法建设，应当按照下列程序进行查处：(四)当事人拒不到场或者拒不清理现场的，综合行政执法部门应当制作现场物品清单并由当事人签字确认。当事人拒不签字的，可以由当地基层组织工作人员签字见证或者进行公证后将有关物品运送到指定场所，交还当事人，当事人拒绝接收的，依法办理提存；" 第30条规定："对经责令限期拆除而逾期未自行拆除的违法建(构)筑物或者未完工违法建设进行强制拆除，应当按照下列程序实施： (四)强制拆除时，应当通知当事人到场。当事人拒不到场或者到场后拒不配合的，不影响强制拆除。综合行政执法部门应当制作建筑物内物品清单，并对强制拆除的情况制作笔录、拍照和摄像，通知当地基层组织派员到场见证，也可以委托公证机构现场公证，通知供水、供电、燃气、通信等企业予以协助； (六)强制拆除后，综合行政执法部门应当公告当事人认领违法建筑物内物品的期限、地点，在公告期限内无人认领的，视为当事人自愿放弃有关物品，由综合行政执法部门依法处置。"
《贵阳市违法建设查处规定》	第15条规定："综合行政执法部门、乡镇人民政府对违法建设实施查封或者强制拆除，应当通知违法建设当事人限期清理违法建设内的物品，违法建设当事人拒不清理的，应当制作物品清单，代为临时保管物品，并通知当事人限期领取；逾期不领取的，在留存证据后根据实际情况妥善处置。 前款规定的物品清单应当由违法建设当事人签字确认；当事人不签字的，由违法建设所在地村(居)民委员会对物品清点予以见证或者由公证机构予以公证。"
《吕梁市控制和查处违法建设条例》	第22条规定："实施强制拆除的部门或者乡(镇)人民政府应当书面通知当事人在强制拆除违法建设工程前自行搬出财物。当事人拒不搬出财物的，应当对其财物进行登记、制作物品清单。 物品清单应当经当事人签名或者盖章，当场交付当事人。当事人不到场或者拒绝签名的，可以由无利害关系的见证人见证或者由公证机构现场公证后，依法办理提存。 当事人应当在强制拆除之日起十日内到指定地点领取物品，逾期不领取的，提存机关应当发布招领公告，当事人应当自发布招领公告之日起三十日内领取，提存费用和因逾期不领取造成的损失，由当事人承担。"

续表:

立法名称	内容
《青岛市违法建设治理条例》	第30条规定:"查处机关实施强制拆除的,应当提前通知当事人到场,并给予适当时间清理违法建筑物内的有关物品。 当事人拒不到场的,查处机关可以在公证机构公证或者违法建筑物所在地居民委员会、村民委员会的见证下实施强制拆除。 当事人拒不清理物品的,查处机关应当制作物品清单,由当事人签字确认;当事人不到场或者不签字的,查处机关可以申请公证机构予以公证或者邀请违法建筑物所在地居民委员会、村民委员会予以见证。 查处机关应当将有关物品运送到指定场所,并通知当事人限期领取;逾期不领取的,查处机关可以向公证机构申请提存,不合适提存的,查处机关可以在留存证据后根据实际情况妥善处置。"
《贺州市违法建设防控和查处条例》	第17条规定:"对违法建设实施强制拆除的,防控查处机关应当通知违法建设当事人限期自行清理违法建设内的物品。违法建设当事人拒不清理的,防控查处机关应当制作物品清单,代为临时保管物品,并通知当事人限期领取;逾期不领取的,防控查处机关可以在留存证据后根据实际情况妥善处置。 前款规定的物品清单应当由违法建设当事人签字确认;当事人不签字的,可以由违法建设所在地居民委员会、村民委员会对物品清点过程予以见证或者由公证机构予以公证。"
《连云港市违法建设控制和查处管理办法》	第29条规定:"实施强制拆除应当遵循下列规定: (一)实施强制拆除前组织制定强制拆除预案,必要时进行社会风险评估; (二)实施强制拆除时,应当提前5日通知违法建设当事人。违法建设当事人是公民的,应当通知其本人;违法建设当事人是法人或者其他组织的,应当提前通知其法定代表人或者主要负责人;违法建设当事人拒不到场的,应当在公证机构公证或者无利害关系的第三方见证下,实施强制拆除; (三)违法建设当事人未在规定期限内将违法建设内财物搬离的,可以在公证机构公证或者无利害关系的第三方见证下,将财物登记造册,并运送他处存放,通知违法建设当事人领取;违法建设当事人拒绝领取的,依法办理提存手续; (四)制作强制拆除现场笔录并全程录像; (五)法律、法规规定的其他要求。 强制拆除可以委托具有专业资质的单位实施。"

5.4 完善违法建筑的责任认定与处置措施

在防控和治理违法建筑立法过程中,一方面需要增加行政机关违法拆迁的成本,不断强化责任追究机制、建立联合惩戒制度;另一方面需要规范违法建筑的处置措施,做到发现、分类处置、风险评估、激励、处罚等多种制度相结合,以此加强对违法拆除行为的规制。

5.4.1 完善责任认定

要实现行政机关严格执法、依法行政，保护行政相对人的合法权益，需要以责任认定为抓手，追究刑事责任，实现联合惩戒，防止为追求利益从事违法建设现象愈演愈烈。

5.4.1.1 加强刑罚手段

对于建设违法建筑行为人的法律责任，我国目前立法仅规定了承担行政责任和民事责任，相应刑事责任较为笼统、规定并不完善。如《楚雄彝族自治州违法建筑处置办法》第26条规定："阻碍违法建筑处置工作人员依法执行职务的，由公安机关依照《中华人民共和国治安管理处罚法》予以处罚；构成犯罪的，依法追究刑事责任。"这与新加坡、中国香港等对违法建筑要求严厉的刑事处罚差距甚远。中国香港"城市规划条例""建筑物条例"对违法建设行为进行了刑罚规制。《新加坡开发控制和规划法》规定了未经许可开发和拒绝检查的违法建筑，可判处罚金和监禁。[①]因此，除对违法建筑进行高额的行政处罚之外，还应引入刑事处罚，运用刑罚的手段介入违法建筑的防控和治理之中。对于建造违法建筑并造成重大社会危害的，以危害公共安全罪追究刑事责任；对于以暴力或其他方式阻挠行政机关执法的活动，以妨害公务罪追究刑事责任。只有行政责任和刑事责任双管齐下，才能增大建造违法建筑的成本，增强社会威慑力。

5.4.1.2 规定责任追究机制

违法建筑的滋生泛滥、问题的久拖不决，一个重要的原因便是责任追究机制不完善。为此，可从以下几个方面完善：一是建立拆违案件定期核查制度。对于违法建筑，要定期进行巡查，接到举报信息及时进行处理，依法处理涉违法建筑财产。对于拆违案件，事后进行定期核查评估，及时发现问题并予以纠正。二是加强执法人员工作绩效考核。违法建筑矛盾突出，行政执法过程冲突性较高、对抗性强，因此对执法人员当场处置的要求较高、需要当场决断。因此，要转变考核方式，增加

① 蒋拯：《违法建筑处理制度研究》，法律出版社2014年版，第323页。

违建执法考核比重，作为行政机关全市执法排名的重要考核指标。不仅要对行政机关主要负责人进行考核，将其作为职务晋升的重要内容，还要对具体执法人员拆违的力度、时间、效果等进行全方位考核。对于拆违案件较多、败诉率较高的单位和个人，可以停止评奖评优，取消奖励。对于拆违工作进展顺利、程序合法、败诉率低的单位和个人，可以给予物质奖励和精神奖励。三是明确办案人员终身责任追究制度。对于涉违法建筑的案件，要求执法人员终身负责，并纳入晋升考核提拔选项，实行一票否决制。四是完善人民检察院监督制度。在违法建筑的处理过程中，检察院可以派员参加、现场监督。建立违法建筑处置事前备案制度。检察院对拆违案件的主体、程序、内容等进行实质审查。五是加强监察委员会监督。监察委员会派驻各级行政执法机关的人员，应当将违法建筑的防控和治理作为监察重点，全方位监察拆除违法建筑行政行为的合法性，对其中涉及执法人员的廉洁性问题展开考核监督，以此实现监察行为的全面覆盖，从而保护行政相对人的合法权益。

5.4.1.3 建立联合惩戒制度

在防控和治理违法建筑过程中，存在着多种因素相互作用复杂的社会问题。就治理违法建筑而言，涉及城管、国土、规划、农业农村、城乡建设、交通、公安、监察、乡镇(街道办)等多个部门。在案件发现、案情研判、案件处理、案件执行阶段等，都需要各个部门的配合。在缺乏隶属关系时，资源配置容易部门化，执法很容易出现孤岛现象，职能分割、目标分散等弊端凸显，各个机构各自为政，组织的整体任务因此支离破碎。[①]如果这些执法部门之间无故推脱、推诿扯皮、各自为政，难以形成有效配合，则会造成违法建筑的有机可乘、久拖不决，导致违法建筑执法损耗。为此，住房城乡建设部相继印发了《失信被执行人信用监督、警示和惩戒机制建设分工方案》《关于对房地产领域相关失信责任主体实施联合惩戒的合作备忘录》等，提出建立跨部门失信联合惩戒机制，建立跨部门的执行力和协同力。

具体设计上，可以由党政一把手进行牵头，整合多个政府部门，成立“强制拆除违法建筑联席会议制度”，负责研究和查处违法建筑措施、部署分工、责任落实、通

① 陈柏峰：《城镇规划区违建执法困境及其解释——国家能力的视角》，载《法学研究》2015年第1期。

报情况、风险评估、协调问题、组织实施等违法建筑防控和治理工作，起着协调沟通、资源整合、减少部门摩擦、执法监督的作用。另设立督导考核办公室，承担纪律监督、制度督查等工作。在违法建筑高发且较多的区域，可以成立专项整治小组。由综合行政执法部门（通常为城管执法部门）负责牵头，明确违法建筑治理的方案、程序、实施、责任等制度。[①]采取部门联合发文的形式，设立由住建、自然资源和规划、生态环境、农业农村、市场监管等组成的联席会议，共同研究解决违法建筑中的难题，将限制房屋交易、"黑名单"制度，限制贷款申请，限制工商经营和注册等惩戒措施相结合，相互配合、形成合力，产生强大威慑力。在实际拆违过程中，还应当联合公安、工商、市场监管、安全生产、劳动监察等多部门展开联合执法。人社局进行表彰奖励或者通报批评、财政局确保工作经费、自然资源局协调配合和提供证据、应急管理局突发事件抢险救援、广播电视局负责宣传与舆情监控、行政审批局负责文件审批、公安局出警处置、司法局负责法律咨询与证据公证、供电局停止供电、水务局停止供水等[②]，最终形成市、县人民政府组织、乡镇人民政府或者街道负责调查、联合认定机构提交初审意见、执法部门作出认定决定、房屋征收部门予以补偿、监督部门负责监督的联合执法体系。[③]另外，各部门还应实现信息共享，化解"信息孤岛"。为此，综合行政执法部门应建立个人违法建筑信用档案，与其他部门平台泛在互联，从而实现信息共享，对违法建设行为及时管控。例如《黄冈市违法建设治理条例》第15条规定："查处机关及有关部门应当建立违法建设治理信息互通、资源共享、协调联动机制，将违法建设记录纳入社会信用体系，采取失信联合惩戒措施。"《襄阳市防控和查处违法建设办法》第13条规定："对违法建设查处中拒不履行限期整改或恢复原状义务、进入违法建设强制拆除程序等违法建设当事人的失信信息，各相关职能部门应在信用信息公共服务平台和市场主体信用信息共享

① 周晨虹：《"联合惩戒"：违法建设的跨部门协同治理——以J市为例》，载《中国行政管理》2019年第11期。

② 具体可参见《中国（广西）自由贸易试验区钦州港片区管理委员会办公室印发<关于建立强制拆除违法建筑联动机制的意见>的通知》。

③ 江苏省常州市中级人民法院课题组：《关于未经登记建筑征收问题的若干思考》，载《人民司法》2013年第21期。

交换平台进行公示，并按照国家、省、市有关规定实施联合惩戒。”

5.4.2 完善处置措施

因违法建筑存在类型、风险、查处形式、处罚力度等的不同，设区的市防控和治理违法建筑立法过程中，可针对违法建筑的不同领域、不同状态，积极探索发现、分类处置、风险评估、激励、处罚措施等制度，为拆违案件提供重要参考。

5.4.2.1 建立类型化的违法建筑处置机制

首先，根据城镇违建与乡村违建、住宅违建与非住宅违建、全部违建与部分违建、新违建与旧违建、程序违建与实质违建、可补正型违建、立即拆除型违建和附期限拆除型违建的违法建筑类型，分别进行处置。关于城镇违建与乡村违建，根据《城乡规划法》第40条、第41条、第64条、第65条的规定分别进行处置；关于住宅违建与非住宅违建，对于住宅违建应当“从宽处理”，特别是棚户区内、旧城区改造内的住宅违建，应当保障贫困人口的居住权、生存权等人权。对于非住宅违建应当“从严处理”，对每一例违建都应当严厉查处，不能让个人利益超脱于公共利益之上；关于全部违建与部分违建，需要判断违建是否具有事实上和观念上的“可分性”，遵循比例原则展开处置。如果具备可分性，则依比例原则对部分违建予以拆除。如果不具备可分性，则应当全部拆除；关于新违建与旧违建，应遵循“不溯及既往”的立法原则，对新违建从重处置，对旧违建从轻处置；关于程序违建与实质违建，划分的标准是可否进行补正，可以补正的即为程序违建，不可补正的即为实质违建。依《城乡规划法》第64条的规定，可采取改正措施消除对规划实施的影响的违建是程序违建，不能采取改正措施消除对规划实施的影响的违建是实质违建。[①]王泽鉴先生认为“程序违建，指该建筑物并未妨碍都市计划，建造者得依一定程序申领执照。实质违建，则是指建筑物无从依程序补正，使其变为合法建筑物。”[②]

其次，在组织相关专家鉴定的基础上[③]，将违法建筑分为必须拆除的违法建筑

① 王洪平：《公私法交融视域下的违法建筑问题研究》，中国人民大学出版社2020年版，第112-122页。

② 王泽鉴：《民法物权》，北京大学出版社2009年版，第81页。

③《南宁市违法建设查处条例》第18条规定：“不能拆除的违法建(构)筑物由查处机关组织有关部门和专家认定；情况重大、复杂的，应当报本级人民政府认定。乡(镇)人民政府作为查处机关的，应当报城区人民政府认定。”

和不能拆除的违法建筑，分别进行处置。对于必须拆除的违法建筑，如果违法建筑存在重大安全隐患且危害公共利益，不能采取改正措施予以消除，则需要进行拆除。但是拆除时，要注意妥善保管当事人的合法财产，必要时可进行社会稳定风险评估。对于依靠现有技术和人员条件不能拆除、拆除影响相邻合法建筑等情形不能拆除的违法建筑，可以采取没收违法建筑、高额罚款的方式。[①]

最后，建立紧急情况下的立即拆除制度。适用该程序，需要注意以下几点：第一，该程序的适用前提是情况紧急，即违法建筑存在严重的安全隐患，不立即拆除可能发生重大的安全事故，包括危及人民大众的生命安全，造成重大的财产损失，严重破坏、污染环境。适用的对象可以是正在建设的违法建筑，也可以是已经建成的违法建筑。第二，该程序原则上行政复议、诉讼不停止执行，即相对人在公告期限内申请行政复议或者提起行政诉讼，原则上强制拆除决定不停止执行。[②]《成都市违法建设治理条例》第14条规定，对于可能引发危害社会公共安全等突发事件的在建违法建筑，应当立即采取措施，消除危害后果。[③]

5.4.2.2 加强违法建筑的发现机制

违法建筑的早发现对于建立违法建筑的快速处置、应对机制，做到对违法建筑的及时处理非常重要。首先，建立公民举报和政府监测相结合的巡查制度。违法建筑的发现，一方面需要靠广大公民的投诉举报，另一方面有赖于行政执法人员的日常巡查。特别是社区空间中的违法建筑，比如广大的城乡接合部村庄，违法建筑

---

①《铜仁市违法建筑查处办法》第10条规定："在城市、镇规划区内的违法建筑，负有查处职责的行政主管部门应当采取以下措施：(一)对正在进行建设的违法建筑，立即责令停止建设，并对违法建筑现场拍照、摄像。尚可采取改正措施消除对规划实施的影响的，限期改正，并依法处以罚款；无法采取改正措施消除影响的，限期拆除。逾期未拆除的，依法强制拆除，不能拆除的，没收实物或者违法收入，可以依法并处罚款。(二)对已建设的违法建筑，尚可采取改正措施消除对规划实施的影响的，限期改正，并依法处以罚款；无法采取改正措施消除影响的，限期拆除，不能拆除的，没收实物或者违法收入，可以依法并处罚款。"

② 王青斌、赖普微：《违法建设强制拆除机制的困境与出路——兼论<行政强制法>第44条的修改》，载《江苏行政学院学报》2018年第2期。

③《成都市违法建设治理条例》第14条规定："对正在进行的违法建设，查处机关应当责令违法建设当事人立即停止建设、自行拆除或者改正；并可依法查封违法建设施工现场、扣押违法建设施工设施设备。当事人拒不停止建设或者拒不拆除、改正的，由市、区(市)县人民政府责成有关部门依法强制拆除。违法建设引发或者可能引发危害社会公共安全等突发事件的，查处机关应当立即采取应急措施，制止违法建设，消除违法结果。"

泛滥。因受血缘、地缘关系影响，村民社会关系密集，社区内部信息难以掌握，违法建筑查处难度非常大。如没有社区内部人士带领，可能都不会发现违法建筑，更遑论查处违法建筑。这种情况下，应当积极发挥村干部的作用，充当行政执法机关与村庄的联结点，发动其主动投诉举报违法建筑，对发现违法建筑的情况予以核实奖励，并在违法建筑查处过程中予以帮助。在中国香港，市民对违法建筑的举报和投诉热情非常高。香港屋宇署24小时运作，每月能接到数以千计的举报。[①]因此，行政执法机关应当建立包含邮箱、电话等常态化的投诉举报制度，对举报人积极反馈，予以保密，给予奖励。行政执法机关应当加强日常巡查，做好记录，实现线路和地域全覆盖。其次，加强与现代科学技术手段的融合。现有的地面巡查、卫星遥感监测等方法存在监测频率低、工作量大、小面积违法建筑难以发现等问题[②]，那么可以利用无人机航摄、数字航空摄影(航拍或购买卫星图片)测绘等移动测量技术，对违法建筑进行排查和动态监测。例如《贵阳市违法建设查处规定》第10条规定，可以利用遥感监测、航拍、电子监控等技术措施调查、收集、固定相关证据。另外，还可充分发挥大数据的作用，建立统一的违法建筑查询平台，借助“数字化城市综合管理系统”软件平台资源，开发建设“城乡违法建筑监测管理系统”，实现各执法机关违法建筑查处的录入、拆除过程、查处结果等信息资源的共享，从而协调行动，避免重复执法，提升执法效率和协同性。《海口市防控和处置违法建筑若干规定》第11条规定，利用违法建筑监控系统、城市网格化管理信息系统、城市管理视频监控、卫星遥感监测、电子政务网络、城市基础地理信息系统等技术手段和信息资源，实现部门之间的信息互通共享。

5.4.2.3 明确违法建筑的风险评估机制

违法建筑风险评估主要是对违法建筑的安全与拆除的可能性、影响、损失进行评估、分析的制度。通过风险评估，可以掌握违法建筑的安全风险大小，以及拆除风险的高低、不同风险等级的违法建筑占比情况等重要信息，为违法建筑拆除决策

---

① 沈晖：《治理城市违法建筑的法律机制研究》，同济大学出版社2013年版，第93页。
② 吴云辉：《基于无人机倾斜摄影的违法建筑定量化监测研究》，载《测绘与空间地理信息》2019年第6期。

提供理论依据，防范具体拆除时可能会遇到的各种阻力，以达到维护社会稳定，保障群众安全的目的。[①]违法建筑风险评估主要运用风险行政的预防原则[②]，对违法建筑可能引起的重大社会风险和安全风险进行评估，分析可能存在的威胁和治理风险，从而将风险前移，并根据评估的内容采取违法建筑的处置措施。如《佛山市违法建设查处办法(2019年修正)》规定行政执法部门对可能产生重大社会影响的行政强制拆除，应当组织有关部门或者委托相关机构事先进行社会稳定风险评估。[③]

但违法建筑拆迁究竟如何进行评估呢？本书认为可以从以下几个方面进行：一是违法建筑不拆除的风险评估。如果不拆除违法建筑，可能会面临因“两违”建设、违规加盖倒塌等的风险。如湖南长沙“4·29”房屋倒塌事故，就是因为房主违法违规建设所引起的特别重大生产安全责任事故。[④]这种情况下就需要综合考虑建筑结构、建筑面积、当事人分类、违法建筑用途等多方面展开评估。根据建筑结构为铁皮、板房、砖瓦、集装箱、搭建物等赋予不同分值。根据建筑面积大小赋予一定分值，建筑面积大的分值较高。根据当事人为个人、股份公司、村委集体、个人公司赋予不同分值。根据建筑用途为仓库、商业、厂房、办公、住宅等赋予不同分值。将上述分值合并计算，按照分值高低分为超高风险、高风险、较高风险、一般风险、低风险等。二是违法建筑拆除的风险评估。首先需要考虑违法建筑的类型，违法建筑的不同利益衡量，比如是否存在租售情况、是不是唯一住宅；其次需要考虑违法建筑拆除的方案是否合适，是否综合考虑了当事人分类情况、建筑结构、建筑面积等，是否兼顾了公共利益与个人利益、行政效率与程序公正等。建筑结构为铁皮、板房、集装箱、混合等情况；当事人为个人、股份公司、普通公司和村集体等情况；建

① 廖祺:《违法建筑拆迁风险评估》，载《湖北社会科学》2019年第8期。

② 王贵松:《风险行政的预防原则》，载《比较法研究》2021年第1期。

③《佛山市违法建设查处办法(2019年修正)》第26条规定:“城市管理和综合执法部门、镇人民政府组织实施强制拆除违法建设，对可能产生重大社会影响的，应当组织有关部门或者委托相关机构事先进行社会稳定风险评估。”

④ 如以案为戒，警钟长鸣！长沙“4.29”事故调查报告公布，62名公职人员被严肃追责问责。https://m.thepaper.cn/baijiahao_23194747。

筑面积过大是否需要动用其他拆除措施等。再次需要考虑怎样能将违法建筑的拆除风险降到最低，是否符合比例原则等。最后需要考虑如果不能及时拆除违法建筑，将会承担怎样的风险？为此，设区的市在防控和治理违法建筑立法过程中，应当加上风险评估条款。一方面在立法正文中予以规定，如《常州市违法建设治理办法》《成都市违法建设治理条例规定》在立法中都规定了：行政机关实施行政强制拆除前应制定预案，必要时进行社会风险评估。《肇庆市控制和查处违法建设办法》规定违法建设可能影响安全、交通的情况下，需要评估并及时书面回复。①另一方面可以出台《防控和治理违法建筑风险评估制度实施细则》等行政规范性文件，对违法建筑风险评估的原则、措施等内容进行细化，必要时可以引入高校、公司等第三方评估机构展开评估。

5.4.2.4 突出防治违法建筑的激励制度

防控和治理违法建筑是一项系统工程，涉及行政机关、违建者、物业、房产中介、水电等多个部门。因此可采取激励手段提高每个主体参与积极性，提升治理效能，推动法律执行。对于行政机关而言，应当成立专项整治领导小组，整合不同部门，形成工作专报，讨论疑难问题，以组织的“实质权威”取代执法部门的“正式权威”，以正向激励手段提升拆违力度。同时，还可利用问责、年度考核等手段反向激励，通过组织内的动员和考核驱动违法建筑治理。②对于违法建筑而言，鼓励单位和个人积极通过电话、12345受理平台举报违法建筑，并给予一定奖励。奖励采取物质奖励和精神奖励相结合的方式。物质奖励主要以金钱奖励为主，比如按照违法建筑的面积、范围、形式或者线索的条数给予一定奖励。例如《海口市违法建筑和乱占耕地建房举报奖励办法》规定每条线索奖励1000元，在查证属实后30个工作日内通知领取奖励，10个工作日支付奖金。精神奖励可以通过发放“荣誉市民”

---

①《肇庆市控制和查处违法建设办法》第28条规定：“违法建设可能影响安全、交通等的，违建查处部门应当征询相关部门或者单位的意见，相关部门或者单位在评估违法建设对安全、交通等造成的影响的基础上，及时书面回复。”

② 谭俊：《执法管理化：法律的组织运作逻辑——基于对违法建筑拆除的个案考察》，载《公共行政评论》2023年第3期。

等荣誉称号,颁发行政奖励荣誉证书。例如《铜仁市违法建筑查处办法(2019年修订)》第9条规定:“任何单位和个人有权举报违法建筑和违法建设行为,并实行奖励。具体奖励办法由县级人民政府制定。”在执法过程中,也可采用以人为本的法律激励方式。与违建者进行协商,确定“一户一档”政策,为部分家庭困难的拆违户提供重建、周转房屋等人道主义援助,充分保障违建者的基本生存需要。在拆违过程中,尊重人的选择而设置相应的激励措施,可承担部分家庭的违法建筑拆除成本,促进双方拆违合意达成。

5.4.2.5 加大违法建筑处罚力度

违法建筑久治不绝、频频发生的一个重要原因,便是处罚力度不够,罚款数额不足。现行立法对行政处罚的规定主要是《城乡规划法》第64条“限期改正,处建设工程造价百分之五以上百分之十以下的罚款”或“前期拆除或没收加罚款(处建设工程造价百分之十以下的罚款)”,第66条规定对违建行为进行处罚,可以并处工程造价一倍以下的罚款。虽然条文对罚款数额作了一定规定,但与违法建筑的危害和影响相比,远远不够。而且违法建筑的事后惩戒往往会面临罚款执行难的问题。同时,工程造价包括政府公布价、评估价和合同价,评估主体、评估方式的多样性,合同价的随意性,政府公布价的可接受性等,都显著制约了违法建筑行政处罚的标准。因此在设区的市防控和治理违法建筑的过程中,需要增加违法建筑处罚力度,提高威慑力。

一是增加违法建筑单位负责人的处罚力度。在处罚人员方面,除根据《城乡规划法》第41条规定对相关责任人予以处罚之外,还应当加大知法犯法处罚力度,对单位负责人予以处罚。这种措施能够迫使单位负责人对违法建筑完全负责,加强日常管理和监督。二是加大违法建筑的处罚数额。设区的市可以在不突破上位法的前提下,根据违法建筑的不同类型,规定不同的处罚数额。本书认为可以从违法建筑期望非法所得、已获非法所得与所造成的现实危险三个方面综合考虑罚款数额。满足两项及以上情况,按照最高数额罚款;具有现实危险性,按照次高数额罚款;已获非法所得,按照较轻数额罚款;期望非法所得,按照最低数额罚款。例如抢搭抢建谋取不当利益的违法建筑，满足期望非法所得、所造成的现实危险性，应当按照最高数额罚款。通过细化罚款裁量权适用标准，不断完善违法建筑行政处罚，降低违法建筑现象发生。三是完善违法建筑评估制度。房屋价值评估报告是行政机关作出处罚决定最重要的依据之一，如果评估报告未及时送达，会导致被征收人申请复估和申请鉴定的法定权利无法行使，进而使得处罚决定本身失去合法性基础。特别是工程造价评估，需要结合竣工结算价、施工合同价、评估价等多方面考量：建设工程造价应当以竣工结算价计算；尚未完成竣工结算的违法建筑，可以根据工程已完工部分的施工合同价计算；未依法签订施工合同或者当事人提供的施工合同价明显低于市场价格的，由有资质的造价咨询机构评估确定。

结语

随着城乡经济的快速发展，城乡规划区域内滋生了大量的违法建筑。违法建筑肆意蔓延，侵占了大量的土地资源，给城乡生态环境、公共卫生、社会治安和公共安全等带来了严重威胁，损害了公共利益和个人合法权益。部分违法建筑建设成本较低，行政相对人往往利用违法建筑出租、经营牟利，如果发生坍塌事故，将造成重大的人员和金钱损失。部分农村违法建筑情况复杂，土地产权不清晰，遗留问题较多，严重影响了乡村振兴发展，增加了建设成本，提升了执法难度。部分行政相对人明知违法建筑仍要建设，欲通过搭建违法建筑换取补偿或者赔偿，获取巨大利益，造成了查处困难，增加了社会矛盾纠纷。囿于违法建筑存在涉案面广、类型众多、法律关系复杂、社会关注度高、矛盾纠纷较大的特点，为此，设区的市在拥有地方立法权后，纷纷制定和出台了关于防控和治理违法建筑的地方性法规或者规章。

本书通过实地考察、座谈和专题调研等调研方式，以及汇总分析我国目前现有的防控和治理违法建筑的法律、法规、规章，对设区的市立法立规中的制定主体、制定时间、法规性质、适用范围、执法主体、立法原则、程序机制、认定标准、表现类型、责任认定、处置措施进行比较，明确设区的市立法权限、立法范围、立法内容。着眼于设区的市防控和治理违法建筑来看，其需要考量违法建筑的公私法属性、利益衡量与价值选择、常见误区等。这不仅需要明确设区的市立法遵循的基本原则、认定标准、表现类型，还应当规范执法主体和执法程序，完善责任认定和处置措施。

防控和治理违法建筑立法是民生工程、民心工程，是推进中国式现代化的必然要求。就设区的市防控和治理违法建筑立法而言，需要注意的是：一是采取违法建设或是违法建筑的立法形式；二是采取地方性法规或是规章的立法形式；三是明确适用范围、违法建设的情形、执法主体，加强源头防控，规范处置程序和措施，明确相关法律责任等。

参考文献

一、专著

[1] 蒋拯著.违法建筑处理制度研究[M].北京:法律出版社,2014.

[2] 王才亮著.违法建筑处理与常见错误分析[M].北京:中国建筑工业出版社,2013.

[3] 王才亮著.违法建筑处理实务[M].北京:法律出版社,2008.

[4] 王才亮、陈秋兰著.违法建筑处理实务[M].北京:法律出版社,2008.

[5] 上官燕、王彦军、姚云帆、张杰著.空间正义与城市规划[M].北京:中国社会科学出版社,2017.

[6] 程雪阳著.中国地权制度的反思与变革[M].上海:上海三联书店,2018.

[7] 江必新著.行政处罚法条文精释与实例精解[M].北京:人民法院出版社,2021.

[8] 姜明安著.行政法与行政诉讼法[M].北京:北京大学出版社,高等教育出版社,2016.

[9] 王洪平著.违法建筑的私法问题研究[M].北京:法律出版社,2014.

[10] 王洪平著.公私法交融视域下的违法建筑问题研究[M].北京:中国人民大学出版社,2020.

[11] 胡建淼著.行政强制法论[M].北京:法律出版社,2014.

[12] 袁雪石著.中华人民共和国行政处罚法释义[M].北京:中国法制出版社,2021.

[13] 沈晖著.治理城市违法建筑的法律机制研究[M].上海:同济大学出版社,2013.

[14] 吴勤民著.上海市拆除违法建筑若干规定释义[M].上海:上海人民出版社,2010.

[15] 钟澄、黄建新编.深圳市农村城市化历史遗留违法建筑沿革、现状与对策研究[M].北京:中国政法大学出版社, 2013.

[16] 北京吴少博律师事务所、北京栩锐律师事务所著.违法建设理论与实务[M].北京:中国政法大学出版社, 2019.

[17] 雷明主编.建筑法规[M].北京:清华大学出版社,2016.

[18] 北京吴少博律师事务所、北京栩锐律师事务所著.企业征收拆迁关停百问百答 违章建筑[M].北京:中国政法大学出版社,2018.

[19] 高人民法院第一巡回法庭编著.最高人民法院第一巡回法庭行政案件裁判精要[M].北京:中国法制出版社,2020.

[20] 何明俊编著.城乡规划法学[M].南京:东南大学出版社,2016.

[21] 王菲著.行政强制法律适用研究[M].北京:知识产权出版社, 2016.

[22] 纪召兵著.征地拆迁焦点问题实务指引及案例解析[M].北京:中国法制出版社,2019.

[23] 钟澄，贺倩明著.深圳市城市更新政策研究[M].中国社会科学出版社, 2019.

[24] 晏山嵘著.行政强制法适用典型案例精释精解[M].北京：中国检察出版社,2016.

[25] 本书编写组编著.新拆迁条例（国有土地上房屋征收与补偿条例）及司法解释[M].北京：法律出版社,2016.

[26] 郐艳丽著.中国城乡规划违法违规研究[M].北京：中国建筑工业出版社,2014.

[27] 程啸编著.民法典物权编一本通[M].北京：法律出版社,2021.

[28] 杨立新著.中国民法典释义与案例评注 物权编[M].北京：中国法制出版社,2020.

[29] 孙宪忠著.中国物权法总论 第4版[M].北京：法律出版社, 2018.

[30] 宋大涵主编.国有土地上房屋征收与补偿条例释义[M].北京：中国法制出版社,2011.

[31] 丁钰著.行政法实务笔记[M].北京：法律出版社,2023.

[32] 胡建淼著.行政法学[M].北京：法律出版社,2023.

[33] 董彪著.城市更新中限制私权的法律问题研究——以城市房屋拆迁为中心[M].北京：中国海关出版社,2007.

[34] 刘俊著.中国土地法理论研究[M].北京：法律出版社,2006.

[35] 杨立新著.物权法[M].北京：中国人民大学出版社, 2019.

[36] 梁慧星著.物权法[M].北京：北京大学出版社, 2022.

[37] 崔建远著.物权法[M].北京：中国人民大学出版社, 2021.

[38] 王泽鉴著.民法物权[M].北京：北京大学出版社, 2010.

[39] [德]哈特穆特·毛雷尔著；高家伟译.行政法学总论[M].北京：法律出版社, 2000.

[40] [意]桑德罗·斯奇巴尼选编；范怀俊译.物与物权[M].北京：中国政法大学出版社, 1999.

[41] [日]美浓部达吉著；黄冯明译；何勤华主编.公法与私法[M].北京：中国政法大学出版社, 2003.

[42] [英]F.H. 劳森（F.H.Lawson），[英]B. 拉登（B.Rudden）著；施天涛等译.财产法 第2版[M]. 北京：中国大百科全书出版社, 1998.

[43] [美]约翰·M. 利维（John M.Levy）著；孙景秋等译.现代城市规划[M]. 北京：中国人民大学出版社, 2003.

[44] [美]E·博登海默著；邓正来译.法理学法律哲学与法律方法[M]. 北京：中国政法大学出版社, 2004.

[45] [美]刘易斯·芒福德著；倪文彦，宋俊岭译.城市发展史 起源、演变和前景[M]. 北京：中国建筑工业出版社,2005.

[46] [英]霍尔（Hall,P.）著；邹德慈，金经元译.城市和区域规划[M]. 北京：中国建筑工业出版社, 2008.

[47] [德]卡尔·拉伦茨（Karl Larenz）著；陈爱娥译.法学方法论[M]. 北京：商务印书馆, 2003.

二、论文

[1] 范德虎,谢谟文.城乡规划违法建设的法律界定及其要素分析[J].规划师,2012(12).

[2] 林华东,张长立,谢雨.关于《城乡规划法》第64条的若干思考[J].城乡规划,2017(12).

[3] 刘武元.违法建筑在私法上的地位[J].现代法学,2001(4).

[4] 周友军.违章建筑的物权法定位及其体系效应[J].法律适用,2010(4).

[5] 常鹏翱.违法建筑的公法管制与私法因应[J].法学评论,2020(4).

[6] 吕长城.论城市规划区内的违法建设认定权[J].湖南警察学院学报,2018(6).

[7] 吴兴国.违法建筑治理的困境与出路[J].理论学刊,2013(7).

[8] 史莉莉,程彬.论违法建筑认定的形式性及实质性标准[J].上海城市管理,2018(9).

[9] 周晨虹."联合惩戒":违法建设的跨部门协同治理——以J市为例[J].中国行政管理,2019(11).

[10] 郭洁.土地用途管制模式的立法转变[J].法学研究,2013(2).

[11] 郤艳丽,李伟.国内外违法建设治理法律制度借鉴[J].国际城市规划,2017(1).

[12] 梁兴国.城乡社会治理需要精细化的法治思维——以"历史遗留问题建筑物"的责任承担问题切入[J].探索与争鸣,2021(5).

[13] 广西住房和城乡建设厅法制处课题研究组.对在建的违法建设实施快速处置之探讨[J].广西城镇建设,2017(6).

[14] 吴峰.违法建设预防控制研究[J].江苏警官学院学报,2018(6).

[15] 王晓滨.违法建设强制拆除的主体[J].人民司法,2013(15).

[16] 沈晖,陈瑶.境外治理违法建筑的经验和启示[J].湖南大学学报(社会科学版),2012(6).

[17] 刘宗胜,乔旭升.论违章建筑侵害赔偿[J].学术交流,2006(3).

[18] 陈维林."违法建设查处"地方立法比较研究[J].人大研究,2018(7).

[19] 王光庆.制定违法建设防控和查处的地方性法规相关问题的思考[J].人大研究,2017(12).

[20] 张贺棋.论违法建筑的认定[J].吉林工商学院学报,2015(4).

[21] 李蕊.违法建筑拆除的地方立法问题研究[J].济南大学学报(社会科学版),2018(4).

[22] 肖洒.违法建筑上合法权益的行政赔偿——张文胜诉沈阳市于洪区人民政府行政赔偿案评析[J].行政法学研究,2021(2).

[23] 吴大平,赵雯."拆违拆临"程序保障探析[J].山东法官培训学院学报,2019(3).

[24] 张祺炜,顾建兵.在建违法建筑的强制拆除程序[J].人民司法,2019(2).

[25] 黄忠.违法建筑的私法地位之辨识——《物权法》第30条的解释论[J].当代法学,2017(05).

[26] 谭俊.执法管理化:法律的组织运作逻辑——基于对违法建筑拆除的个案考察[J].公共行政评论,2023(03).

[27] 戚建刚,王兆鑫.违法建筑行政裁判中信赖保护原则之适用——以308份裁判文书为考察对象[J].华侨大学学报(哲学社会科学版),2023,(03).

[28] 朱亚奇.对违法建筑的强制执行及救济[J].中国政法大学学报,2023(02).

[29] 柯阳友,孟穗.占有违法建筑可以排除强制执行的理性分析[J].法学论坛,2023,(01).

[30] 郑鑫红.政府诚信视角下执法变动与信赖利益保护研究——以对违法建筑执法变动为例[J].领导科学,2020(16).

[31] 常鹏翱.行政行为的物权法意义:一种规范分析[J].行政法学研究,2019(05).

[32] 廖祺.违法建筑拆迁风险评估[J].湖北社会科学,2019(08).

[33] 赵晔琴.法外住房市场的生成逻辑与治理逻辑——以上海城中村拆违为例[J].华东师范大学学报(哲学社会科学版),2018(04).

[34] 章文英.关于房屋征收补偿决定行政案件的司法审查[J].法律适用,2017(03).

[35] 沈福俊.法律应当如何保障行政权的有效行使——以《行政强制法》第44条和上海市拆除违法建筑规定为分析起点[J].东方法学,2016(01).

[36] 邓巍.关于违法建筑行政处罚方式的探讨——从行政比例原则看《城乡规划法》第六十四条之规定[J].人民论坛,2013(23).

[37] 崔俊贵,白晨航.违法建筑的权利归属及买卖合同的效力[J].法学杂志,2013(06).

[38] 陈晋,喻晶.农村违法建筑征收补偿问题研究——以宅基地上的违法建筑为研究对象[J].四川师范大学学报(社会科学版),2013(02).

[39] 丁晓华.强制拆除违法建筑行为定性与规范——基于对《行政强制法》第44条的解读[J].法学,2012(10).

[40] 王岩.强制拆除违法建筑案件若干问题探析[J].法律适用,2011(09).

[41] 李军政.对违法建筑如何实施依法行政[J].人民论坛,2010(32).

[42] 李健,任夏青.擅自处置强制拆除的违法建筑材料的赔偿[J].人民司法,2010(20).

[43] 夏雨.以物为中心——违法建筑行政处罚相对人认定新路径[J].江淮论坛,2010(05).

[44] 姚爱国.论《物权法》第八十九条在城乡规划管理中的理解与适用[J].规划师,2009(02).

[45] 周锐波,周素红.城乡结合地区违法建设产生的原因与对策研究[J].城市规划,2007(05).

[46] 黄刚.违法建筑之上存在权利吗?[J].法律适用,2005(09).

[47] 杨延超.违法建筑物之私法问题研究[J].现代法学,2004(02).

[48] 刘武元.违法建筑在私法上的地位[J].现代法学,2001(04).

[49] 王青斌,赖普微.违法建设强制拆除机制的困境与出路——兼论《行政强制法》第44条的修改[J].江苏行政学院学报,2018(02).

[50] 林华东,张长立,谢雨.关于《城乡规划法》第64条的若干思考[J].城市规划,2017(12).

[51] 刘磊.强制拆除法律属性二元论——以正在进行的违法建设切入[J].东方法学,2014(05).

[52] 吴明场.关于对违法建设定性问题的比较分析[J].城市规划,2014(05).

[53] 曹春华.关于我国村庄规划法治化建设问题的思考[J].现代法学,2013(02).

[54] 马媛婧.刍议禁止城镇违法建设的强制执行——以《行政强制法》颁布为契机[J].法律适用,2013(01).

[55] 邹晓美.拆除违法建筑执法问题研究[J].中国流通经济,2011(08).

[56] 贾璋炜.集体土地违法建设治理对策研究[J].农村经济,2008(09).

[57] 徐浩,赵民.论违法建设的防止与规划法规的完善[J].城市规划汇刊,2003(03).

[58] 邓迪敏.对违法建设的法律思考[J].城市规划,2000(10).

[59] 陈国刚.论设区的市地方立法权限——基于《立法法》的梳理与解读[J].学习与探索,2016(07).

[60] 王达.比例原则在违章建筑处理中的运用[J].人民司法,2007(09).

[61] Michael A. Heller. The Boundaries of Private Property[J]. The Yale Law Journal, Vol. 108, (1999).

[62] Bin Chen,Terry Cooper,Rong Sun.Spontaneous or Constructed Neighborhood Governance Reforms in Los Angeles and Shanghai[J].Public Administration Review.Washington:Dec 2009.Vol.69.

附 录

一、调研访谈提纲

设区的市防控和治理违法建筑
研究访谈提纲

1. 现阶段，您所在的市防控与治理违法建筑的现状如何？

2. 您平时接触过违法建筑吗？在哪些地方？

3. 您听说过防控与治理违法建筑的条款吗？法律？行政法规？部门规章？地方性法规？地方政府规章？

4. 您认为设区的市在防控和治理违法建筑方面可以采取哪些措施？

5. 在实践中，您对违法建筑有何感受？有没有了解相关的法律法规规范依据？

6. 您认为设区的市防控和治理违法建筑需不需要立法立规？在立法权限、立法范围、立法内容等方面有什么建议？

7. 就防控和治理违法建筑而言，设区的市在立法过程中需要考量哪些因素？存在哪些误区？

8. 就明确设区的市防控和治理违法建筑立法原则，有没有好的建议？在查处违法建筑过程中坚持的原则是什么？

9. 违法建筑的认定标准是什么样的？

10. 违法建筑的表现类型是什么样的？

11. 设区的市防控和治理违法建筑的执法主体都有哪些？城管？乡镇人民政

府？街道办事处？规划部门？

12.设区的市在防控和治理违法建筑的过程中需要遵循什么样的执法程序？有没有需要特别注意的事项？

13.设区的市在防控和治理违法建筑的过程中，如何完善责任认定制度？有无亟须解决的问题？

14.设区的市在防控和治理违法建筑的过程中，有无较好的处置违法建筑的举措？您有何较好的举措建议？

15.您对设区的市防控和治理违法建筑研究，还有其他看法或者建议吗？

二、××市违法建设治理条例（建议稿）

××市违法建设治理条例

（建议稿）

第一章 总则

第二章 违法建设的防控

第三章 违法建设的查处

第四章 法律责任

第五章 附则

第一章 总则

第一条 为有效制止违法建设，规范违法建设治理工作，保障城乡规划实施，改善城乡容貌和人居环境，根据《中华人民共和国城乡规划法》《中华人民共和国行政强制法》《××省城乡规划条例》等有关法律、法规，结合本市实际，制定本条例。

第二条 本市行政区域内违法建设的防控、发现、制止和查处等治理活动适用本条例。

违反土地、林地、河道、风景名胜区、自然保护区等法律、法规的违法建设，由有关部门依照相关法律、法规查处。

第三条 本条例所称违法建设，是指违反城乡规划法律、法规的建设行为以及形成的建（构）筑物。具体包括下列情形：

（一）未取得建设工程规划许可证或者未按照建设工程规划许可证的规定进行建设的；

（二）未取得乡村建设规划许可证或者未按照乡村建设规划许可证的规定进行建设的；

（三）未经批准进行临时建设、未按照批准内容进行临时建设，或者临时建设超过批准期限不拆除的。

本条例施行前已建成的建（构）筑物，是否属于违法建设，依照建设当时施行的法律、法规的规定予以认定和处理。

第四条 违法建设治理应当坚持统一领导、源头防控、属地管理、部门协同、依法处置的原则。

第五条 市、区（市）人民政府应当建立违法建设治理协调工作机制，研究、协调解决违法建设治理中的重大问题，并将违法建设治理工作经费纳入本级财政预算。

区（市）人民政府、镇人民政府负责组织开展本辖区内违法建设治理工作。

第六条 市综合行政执法部门负责违法建设行政执法的指导和监督，以及重大复杂、跨区域等违法建设案件的协调、查处工作。

市、区（市）综合行政执法部门以及镇人民政府（以下统称查处机关）按照职责分工，负责查处城市、镇规划区以及村庄规划区内的违法建设。

自然资源和规划部门负责城乡规划管理，在职责范围内配合查处机关参与违法建设的防控和查处工作。

住房城乡建设、农业农村、公安、生态环境、交通运输、水务、海洋、园林和林业、文化和旅游、市场监管、人防、消防救援等部门按照各自职责，协同做好违法建设治理相关工作。

村(居)民委员会协助查处机关开展违法建设治理工作。

第七条 街道办事处在区(市)人民政府领导下，组织开展本辖区内的违法建设治理工作；依照法律和省有关规定承接违法建设行政处罚权的，行使本条例规定的查处机关职权。

第八条 各级人民政府以及自然资源和规划部门、综合行政执法部门应当组织开展城乡规划和查处违法建设法律、法规的宣传教育。

广播、电视、报刊、网络等媒体应当加强对违法建设防控和查处工作的舆论监督，积极做好宣传报道和典型违法建设案件的曝光工作，提高全社会遵守城乡规划管理相关法律法规的意识。

第二章 违法建设的防控

第九条 任何组织和个人都应当遵守经依法批准并公布的城乡规划，服从规划管理，不得进行违法建设或者利用违法建设获利。

违法建设不受法律保护，违法建设被依法拆除的，不予补偿。

第十条 任何组织和个人发现违法建设，有权向查处机关投诉举报。

查处机关应当建立有奖举报制度，向社会公布电话、电子邮箱和网站等投诉举报方式，对收到的投诉举报及时予以核实、处理，并为投诉举报人保密。举报经查证属实的，对举报人给予奖励。

第十一条 区(市)人民政府、乡镇人民政府、街道办事处应当建立和完善违法建设防控日常巡查工作机制，明确责任人员、责任区域、巡查时段、巡查重点以及具体措施，落实巡查、劝阻和制止责任，及时发现、劝阻和制止违法建设。

居(村)民委员会在其管理范围内发现违法建设行为的，应当及时予以劝阻；经劝阻未能制止违法建设行为的，应当立即向查处机关报告，并协助查处机关做好相关工作。

第十二条 查处机关应当会同自然资源规划、住房城乡建设、市场监督管理、数字经济等部门建立违法建设治理信息共享平台和沟通机制，利用卫星遥感监测、无人机、电子监控等技术手段和信息资源，实现信息互通和数据共享。

第十三条 公安、生态环境、住房城乡建设、交通运输、水务、文化体育旅游、应急管理、市场监督管理等行政主管部门在日常工作中发现违法建设，应当及时告知查处机关，并自发现违法建设之日起5个工作日内将有关情况书面告知查处机关。

第十四条 自然资源规划部门应当对建设工程是否符合规划条件和规划许可内容予以核实，对不符合规划条件和规划许可内容的建设工程，不得通过规划核实。

第十五条 住房城乡建设部门对未取得建设工程规划许可证的建筑工程，不得核发施工许可证，依法无需取得建设工程规划许可证的建筑工程除外。

住房城乡建设部门对物业服务人履行违法建设治理协助义务，实行记分管理。

第十六条 查处机关在依法认定违法建设后，以及违法建设状态消除后，应当书面告知公安、文化体育旅游、应急管理、市场监督管理、税务、不动产登记等有关行政机关以及供水、供电、供气等企业，有关行政机关和企业应当依法予以协助配合。

第十七条 不动产登记机构办理不动产首次登记时，应当查验建设工程规划核实合格证，没有建设工程规划核实合格证的，不得核发不动产权属证书。

违法建设在违反法律、行政法规的状态消除前，不得办理变更、转移等不动产登记手续。

第十八条 单位或者个人以违法建设作为生产、经营场所申请办理相关证照、登记或者备案手续的，公安、文化体育旅游、应急管理、市场监督管理、税务等部门不得为其办理。

第十九条 在不影响违法建设当事人正常生活的情况下，供水、供电、供气等企业不得为违法建设提供服务。

供水、供电、供气等企业可以在服务合同中约定，对依法认定为违法建设的建设项目，有权单方面中止或者终止提供服务。

第二十条 勘察设计单位提供的施工图纸不得违反建设工程规划许可、乡村建设规划许可的内容。

施工单位不得承建未依法取得建设工程规划许可证、建筑工程施工许可证的建设项目。

按照建设规划管理规定无需取得相关许可证的，不适用前两款规定。

第二十一条 房地产开发企业、房地产经纪机构发布销售广告和宣传资料，不得含有利用小区绿地、露台平台、屋顶等公共区域进行建设的内容欺骗、误导公众。

房地产经纪机构受托提供经纪服务时，应当查看建筑物权属证书或者文件；无相应权属证书或者文件的，不得提供房地产经纪服务。

第二十二条 业主或者物业使用人在物业服务区域内进行建设活动，应当在开工前告知物业服务人。

物业服务人应当对物业服务区域或者建筑区划内的工程施工、装饰装修活动进行巡查，发现违法建设行为的，应当予以劝阻，并做好书面记录；劝阻无效的，应当及时向查处机关报告。

对查处机关认定的违法建设，物业服务人可以按照管理规约、住宅室内装饰装修管理服务协议等相关约定，拒绝违法建设施工人员、施工设备和原料材料等进入物业管理区域。

第三章 违法建设的查处

第二十三条 市综合行政执法部门应当会同市自然资源和规划部门制定违法建设认定工作规程，明确违法建设的不同类型、认定标准以及处置规范。

第二十四条 查处在建的违法建设，查处机关应当自发现违法建设之日起三十日内作出行政处理决定；案情特别重大或者复杂的，经本机关主要负责人批准，可以适当延期，但延长期限不得超过三十日。

查处已经建成的违法建(构)筑物，查处机关应当自发现违法建(构)筑物之日起六十日内作出行政处理决定；案情特别重大或者复杂的，经本机关主要负责人批准，可以适当延期，但延长期限不得超过六十日。

第二十五条 城市、镇规划区内的违法建设，尚可采取改正措施消除对规划实施影响的，由查处机关责令停止建设，限期改正。

有下列情形之一的，属于前款规定的尚可采取改正措施消除对规划实施影响的违法建设：

（一）未取得建设工程规划许可证即开工建设，但已取得自然资源和规划部门的建设工程设计方案审查文件，且建设内容符合或者采取局部拆除等整改措施后能够符合审查文件要求的；

（二）取得建设工程规划许可证，但未按照建设工程规划许可证的规定进行建设，采取局部拆除等整改措施，能够使建设工程符合建设工程规划许可证要求的。

第二十六条 城市、镇规划区内的违法建设，无法采取改正措施消除对规划实施影响的，由查处机关责令限期拆除。

有下列情形之一的，属于前款规定的无法采取改正措施消除对规划实施影响的违法建设：

（一）擅自占用规划确定的道路、广场、绿地、河湖水面、海岸带、轨道交通、公交场站、燃气设施、供热设施、给水排水设施、公共服务设施用地等进行建设的；

（二）违反建筑间距、建筑退让等技术规范、标准或者规划条件确定的强制性内容进行建设的；

（三）擅自占用物业管理区域内业主共有的道路、绿地或者其他场地进行建设的；

（四）擅自在建筑物顶部、底层或者退层平台进行建设的；

（五）未经批准进行临时建设、未按照批准内容进行临时建设，或者临时建（构）筑物超过批准期限不拆除的；

（六）其他对规划实施造成严重影响的违法建设行为。

第二十七条 城市、镇规划区内的违法建设，无法采取改正措施消除对规划实施的影响，又不能拆除的，由查处机关没收实物或者违法收入。

有下列情形之一的，属于前款规定的无法采取改正措施消除对规划实施影响又不能拆除的违法建设：

（一）拆除将影响合法建（构）筑物主体结构安全，或者影响相邻建筑安全，且无法采取结构安全措施的；

（二）受拆除技术条件和地理环境限制无法实施拆除的；

（三）拆除将对公共利益造成重大损害或者将严重损害无过错利害关系人合法权益的；

（四）法律、法规规定的其他无法拆除的情形。

前款规定的不能拆除的情形，查处机关应当委托第三方鉴定机构进行安全性鉴定或者组织专家进行论证。违法建（构）筑物不能拆除的认定情况，应当在违法建设现场或者查处机关网站向社会公示。

第二十八条 在村庄规划区内未依法取得乡村建设规划许可证或者未按照乡村建设规划许可证的规定进行建设的，由查处机关责令停止建设、限期改正；逾期不改正的，可以拆除。

第二十九条 对正在进行的违法建设，查处机关应当责令违法建设当事人立即停止建设、自行拆除或者改正；并可依法查封违法建设施工现场、扣押违法建设施工设施设备。当事人拒不停止建设或者拒不拆除、改正的，由市、区（市）县人民政府责成有关部门依法强制拆除。

违法建设引发或者可能引发危害社会公共安全等突发事件的，查处机关应当立即采取应急措施，制止违法建设，消除违法结果。

第三十条 对有关建设行为是否应当办理规划许可、是否符合规划许可、是否可采取改正措施消除对规划实施影响以及房产登记相关档案资料难以认定等问题，查处机关可以向自然资源和规划部门书面征询，同时提供相关影像等资料。自然资源和规划部门应当在七个工作日内以书面形式出具明确意见。特殊情况下难以明确意见的，双方应当会商处置意见。

查处机关调查处理违法建设过程中，需要查询相关土地、房屋等相关行政审批信息、建设档案或者出具相关证明的，相关部门应予配合，并在五个工作日内提供相关资料。

第三十一条 查处机关作出违法建设处理决定前，应当依法告知当事人享有陈述、申辩权利。查处机关应当对当事人提出的事实、理由和证据进行记录、复核。当事人提出的事实、理由或者证据成立的，查处机关应当采纳。

查处机关作出违法建设处理决定，应当依法告知当事人申请行政复议或者提起行政诉讼的途径和期限。

第三十二条 对违法建设处理决定以及其他查处有关法律文书，查处机关应当依法送达当事人。

违法建设当事人或者其同住成年家属拒绝接收法律文书的，查处机关可以邀请违法建设所在地居(村)民委员会等基层组织到场见证，把法律文书留在受送达人的住所，由送达人、见证人在送达回执上签名或者盖章；也可以把有关执法文书留在受送达人的住所或者张贴在违法建筑物的显著位置，并采取拍照、录像等方式记录送达过程。法律、法规另有规定的除外。

第三十三条 对因历史原因无法确定当事人的违法建设，查处机关应当在本市行政区域内公开发行的报纸、查处机关网站和违法建设现场发布公告，要求限期处理，公告期限不少于三十日；公告期满后仍无法确定当事人的，查处机关可以经公证机构办理证据保全手续后，依法予以处理。

第三十四条 当事人收到限期拆除违法建(构)筑物的决定后，应当在决定载明的期限内自行拆除、恢复原状；自行拆除确有困难的，可以在决定载明的期限内申请所在地查处机关组织拆除。当事人在法定期限内不申请行政复议或者提起行政诉讼，又不拆除的，由查处机关依法强制拆除。

第三十五条 查处机关作出强制执行决定前，应当依法向当事人送达催告书，催告限期拆除；催告期不少于三日，最长不超过七日。

经催告仍不自行拆除的，依法作出强制拆除决定，同时发布强制拆除公告，限定当事人在三日内自行拆除。强制拆除公告应当在违法建(构)筑物及其周围显著位置张贴,还可以通过本级人民政府、本单位门户网站或者新闻媒体发布。当事人逾期不拆除的,依法强制拆除。

第三十六条 查处机关实施强制拆除的,应当事先制定强制拆除预案,明确配合单位相关职责,采用合理适当的手段、方式,必要时进行社会稳定风险评估。

第三十七条 查处机关实施强制拆除的,应当提前通知当事人到场,并给予适当时间清理违法建筑物内的有关物品。违法建设行为人是公民的,通知本人或者其成年家属到场;违法建设行为人是法人或者其他组织的,通知其法定代表人或主要负责人到场。

违法建设行为人拒不到场的,在公证机构公证或者无利害关系第三方见证下实施强制拆除。

当事人在强制拆除公告规定的期限内没有搬离违法建筑内的财物,查处机关可以在公证机构公证或者无利害关系第三方见证下,将财物登记造册,保管存放,通知当事人领取。物品清单一式两份,并载明下列事项:

(一)当事人姓名或者名称、地址;

(二)财物名称、数量和完好程度;

(三)当事人取回财物的时间;

(四)行政机关的名称、日期。

临时保管费用和因逾期不领取造成的损失,由当事人承担,但是因执法机关的过错造成损失的,执法机关应当依法赔偿。鲜活物品和其他不易保管的物品,可先行拍卖或者变卖。

第三十八条 查处机关依法作出的限期拆除决定,当事人逾期不履行,经催告仍不履行,其后果已经或者可能危害交通安全、造成环境污染或者破坏自然资源的,查处机关可以代履行,或者委托没有利害关系的第三人代履行。

代履行的费用按照成本合理确定,由当事人承担。法律另有规定的除外。

第三十九条 查处机关依法作出的没收实物、违法收入决定,当事人逾期不履行的，查处机关应当依法予以执行。

没收的违法建筑物，由查处机关、同级财政部门与有关部门会商后，按照相关规定处置。

第四十条 查处机关查处违法建设，可以调取、查阅、复制有关文件、资料，要求相关单位和人员就涉及的问题作出解释和说明，并根据需要进入现场进行勘测。

相关单位和人员应当配合，提供必要资料，如实说明相关情况，为查处机关现场勘测、调查取证和查处提供便利，不得以任何方式或者手段妨碍、阻挠。

第四十一条 查处机关查处违法建设，应当实行行政执法公示制度、执法全过程记录制度、重大执法决定法制审核制度。

违法建设查处执法依据、执法主体、流程、结果，应当依法向社会公开。

第四十二条 区（市）人民政府及其相关部门应当结合城市更新和城市建设、老旧街区改造、景观打造提升等工作，对违法建设拆除后腾退的土地进行综合利用和绿化、美化。

第四章 法律责任

第四十三条 违反本条例规定，实施违法建设的，查处机关除依法对违法建筑物进行处置外，还应当按照相关法律、法规的规定对当事人处以罚款。

第四十四条 各级人民政府及其工作人员有下列情形之一的，由上级人民政府或者有权机关责令改正，通报批评，对相关责任人员依法依规追责问责：

（一）对本区域内防控和查处违法建设工作领导、监管不力，造成重大损失和严重社会影响的；

（二）对违法建设治理工作责任制不落实，对本区域内违法建设防控和查处不力的；

（三）对群众反映强烈的违法建设未及时妥善处理，致使矛盾激化，造成严重后果和不良社会影响的；

（四）纵容、庇护单位及个人进行违法建设的；

(五)拒不配合,阻挠、妨碍行政执法机关依法执行公务的;

(六)有其他违法违规行为的。

第四十五条 居(村)民委员会违反本条例规定,不履行劝阻、报告和协助职责的,由街道办事处、乡镇人民政府予以通报批评,责令限期改正;逾期不改正的,街道办事处、乡镇人民政府可以建议依法对居(村)民委员会负有责任的相关管理人员进行处理。

第四十六条 规划、国土资源、城管执法、住建等有关部门和单位及其工作人员有下列情形之一的,由本级人民政府或者上级主管部门责令改正,通报批评;对负有领导责任、直接责任的人员,依法依规追责问责;构成犯罪的,移送司法机关依法追究刑事责任:

(一)违反规定批准项目建设的;

(二)违反规定擅自改变已批准规划和建设项目的;

(三)对违法建设擅自给予行政许可、办理权属证明的;

(四)谎报、瞒报、拒报违法建设情况的;

(五)未依法查处违法建设或查处不力的;

(六)在工作中玩忽职守、滥用职权、徇私舞弊、贪污受贿的,或者有其他失职、渎职行为的。

第四十七条 国家机关、人民团体、事业单位和国有企业实施违法建设的,查处机关应当在作出行政处罚决定后,提请有权机关对上述单位直接负责的主管人员和其他直接责任人员依法给予处分。

行使公权力的公职人员实施、参与、包庇违法建设以及阻挠违法建设查处工作行为的,查处机关应当在作出行政处罚决定后,提请有权机关对上述人员依法给予处分。

第四十八条 违法建设当事人或者其他相关人员有下列情形之一的,依法予以行政处罚;构成犯罪的,移送司法机关依法追究刑事责任:

(一)以暴力、威胁方法阻碍有关行政执法机关依法查封施工现场或者强制拆

除违法建(构)筑物的;

(二)组织、策划、教唆、煽动群众阻碍有关行政执法机关依法查封施工现场或者强制拆除违法建(构)筑物的;

(三)因违法建设导致重大责任事故的;

(四)法律、法规和规章规定的其他违法行为。

第四十九条 供水、供电、供气等公共服务单位违反本条例规定,为违法建设提供相关服务或者未按要求停止提供服务的,由查处机关责令改正,处违法所得三倍以下罚款,最高不超十五万元。没有违法所得的,处五万元以下罚款。

其他单位和个人违反本条例规定为违法建设提供水、电、气接驳的,由查处机关责令改正,拒不改正的,可以并处以一千元以上五千元以下罚款。

第五十条 物业服务企业不履行巡查义务,发现违法建设未予劝阻、制止或者未按规定报告的,由查处机关责令改正,并处五千元以上三万元以下罚款。

第五十一条 违法建设当事人擅自改变规划许可确定的使用性质和用途的,由查处机关责令改正,处违法所得三倍以下罚款,最高不超过十五万元。没有违法所得的,处五万元以下罚款。

第五十二条 查处机关依法对违法建设当事人实施行政处罚后,有关部门和单位应当在日常监督管理、市场准入、政府采购、工程招标投标、资质管理、财政资金或者政策支持、金融信贷等方面,依法实施失信联合惩戒。

第五十三条 违反本条例规定的其他行为,法律、法规已有法律责任规定的,从其规定。

第五章 附则

第五十四条 本条例自 年 月 日起施行。